LARRY LEA

EDITORIAL BETANIA

© 1992 EDITORIAL CARIBE, INC.
9200 S. Dadeland Blvd., Suite 209
Miami, FL 33156

ISBN 0-88113-105-9

Título original en inglés: Highest Calling
Traducido por: Luis Marauri

Impreso en Colombia
Printed in Colombia

CONTENIDO

PREFACIO

Nunca olvidaré lo que sentí el día que recibí una llamada telefónica de Larry Lea. Sólo hacía unas semanas que lo había conocido. El había ido a Kilgore, Texas, a visitar a sus padres. Como yo lo había invitado a hablar en una reunión especial de jóvenes en mi iglesia, vino a verme para conocerme mejor.

Mientras conversábamos en mi despacho de la Primera Iglesia de las Asambleas de Dios, Howard Conatser, pastor y amigo de Larry, se encontraba al borde de la muerte en un hospital de la ciudad de Dallas.

Creo que el Señor me dio las palabras que Larry necesitaba oír. Hablamos y oramos durante varias horas, y compartí con él muchas de las cosas que Dios me había enseñado sobre la fe y la oración, y aquel hombre joven pareció absorberlas como una esponja. No mucho tiempo después, Howard Conatser partió de este mundo para ir con el Señor. Como Larry había comprendido los principios de la autoridad espiritual, comenzó a buscar la voluntad de Dios en cuanto a la persona a la que debía someterse como su pastor.

Corría el mes de julio de 1978 cuando escuché, con toda claridad, la voz de Larry Lea por teléfono. Me dijo: «Pastor Willhite, mientras estaba afeitándome esta mañana, Dios me habló y me dijo que *usted* es mi pastor, y que tengo que poner mi ministerio bajo su autoridad».

Me quedé aturdido. Recuerdo que pensé que el más grande estaba inclinándose ante el más pequeño. En aquel momento Larry no era muy conocido, pero sin duda era más conocido que yo. Mucho antes de haberlo escuchado predicar, yo sabía que Dios tenía grandes planes para Larry Lea, y que su ministerio sería mucho más grande que el mío. Recuerdo que no mucho después le dije que él poseía la capacidad para influir al mundo como lo había hecho Billy Graham.

No hay duda alguna de que Dios ha ungido a este hombre para llamar a los Estados Unidos y al mundo entero a mantener una vida de oración significativa. Sus libros están siendo traducidos a diferentes idiomas, y dondequiera han producido el mismo efecto.

El apóstol Pablo dice muy claramente, en el primer capítulo de su primera carta a los corintios, que Dios escoge a lo débil para avergonzar a los fuertes, y a lo necio para avergonzar a los sabios. El escoge al que ante los ojos del mundo es vil y menospreciado para realizar su obra. Esto es cierto en cuanto a Larry y a mí. Dios no buscó a los más sabios, fuertes o puros. ¿Por qué? Para que los hombres le den la gloria a él por lo que hace a través de vasos de barro.

El llamado supremo es un libro que animará al lector a responder al llamado de Dios de ser un sacerdote. Y cuando ocupe ese puesto sacerdotal, intercederá ante Dios a favor de otros. Muchos en verdad son los llamados, pero pocos los escogidos. Como creyentes se nos llama a todos para que seamos sacerdotes que ocupan un lugar de autoridad y responsabilidad ante Dios. Algunos también son llamados para que ayuden a estos sacerdotes. Larry parece ser uno de esos escogidos.

B. J. Willhite
Washington, D.C.

UNO

LLAMADO A ALGO NUEVO

Respondí al llamado de Dios para ser un sacerdote de la oración cuando tenía veintisiete años de edad. Corría el año 1978, y en ese entonces yo era pastor de jóvenes de la Iglesia Bautista de Beverly Hills en Dallas, Texas, que contaba con tres mil miembros.

Una vez al año, durante cinco años consecutivos, el pastor Howard Conatser me había llamado a su oficina y me había dado el mismo discurso: «Larry», me decía hablando pausadamente con su voz grave, «tener éxito sin tener un sucesor es un fracaso. Tú has sido escogido por Dios para ser pastor de esta iglesia cuando yo no esté aquí. Tú eres mi 'Timoteo', así que debes completar tus estudios. ¡Prepárate!»

En ese mismo año los médicos descubrieron que el pastor Conatser tenía cáncer. Todos ayunamos y nos pusimos a luchar en oración por él. Creíamos que estábamos ganando la batalla, pero un día, mientras me encontraba visitando a mis padres en Kilgore, Texas, sonó el teléfono: «Larry», me dijo alguien, «acaban de llevar a Howard Conatser al hospital».

Nunca olvidaré lo que ocurrió después. Inmediatamente me puse a orar por mi querido amigo. Mientras reprendía al cáncer y clamaba por la sanidad, una voz familiar habló en mi espíritu. Fue como si alguien hubiera dejado caer un valioso objeto de cristal, el cual se rompió en mil pedazos: «Howard Conatser va a morir», me dijo la voz suavemente, «y tú serás rechazado como pastor de la iglesia».

Diez semanas después, Howard Conatser había muerto.

Cuando me reuní con la junta de la iglesia para hablar del futuro, me dijeron que estaban dispuestos a que yo fuera su pastor con tal de que estuviera dispuesto a predicar sermones ardientes y lograra que la iglesia recibiera ofrendas grandes. Otra condición era que en forma continua un buen número de personas respondieran a mi llamado al altar los domingos por la mañana. Pero no querían darme la libertad de continuar guiando a la congregación hacia la visión del Nuevo Testamento para la iglesia, que el pastor Conatser y yo habíamos compartido.

Para mantener la paz y evitar que la iglesia se dividiera, presenté mi renuncia. ¡Y todo comenzó a ir cuesta abajo para mí! Me sentí como si estuviera cayendo dentro de un pozo oscuro y sin fondo. Mi familia y yo nos mudamos de

Como Pablo...cuantas cosas eran para mí ganancia, tenía que estimarlas como pérdida por Cristo.

nuevo a mi ciudad natal en la parte este del estado de Texas. Decidí ser evangelista, y comencé a predicar en ciudades «grandes», como Arp, Texas.

De pronto, casi todo lo que tenía valor para mí pertenecía al pasado. Mientras luchaba en mi interior pensando en lo que *debería* haber sido, lo que *podría* haber sido o lo que *pudo* haber sido, busqué el rostro de Dios como nunca antes.

Una noche me encontraba orando en Los Angeles, cuando el Señor me habló en mi espíritu y me dijo que leyera Isaías 43:18, 19. Abrí la Biblia y leí estas palabras:

> No os acordéis de las cosas pasadas, ni traigáis a memoria las cosas antiguas. He aquí que yo hago cosa nueva; pronto saldrá a luz; ¿no la conoceréis? Otra vez abriré camino en el desierto, y ríos en la soledad.

Entonces, Dios me dijo: «Si quieres encontrar la cosa nueva que yo haré en tu vida debes olvidar el pasado». Mi pasado había sido bueno, pero, como Pablo en Filipenses 3:7, cuantas cosas eran para él ganancia, tenía que estimarlas como pérdida por Cristo. Dios estaba llamándome a que me olvidara de todos mis triunfos pasados, relaciones y oportunidades. Renuncié a todo, lo bueno y lo malo, y se lo entregué a Jesús.

¿Qué hizo Dios entonces? Cumplió su promesa. Me dio una nueva oportunidad de servirle y un nuevo mensaje.

Cuando nos mudamos a Kilgore, Texas, sabía que Dios me estaba enviando allí para que respondiera a un llamado que era superior al llamado a predicar, y era el llamado a orar. Obedecí ese llamado bajo la dirección de Bob Willhite, pastor de la Iglesia de las Asambleas de Dios de la localidad. Durante más de treinta años el pastor Willhite había practicado consecuentemente aquello que mi corazón había estado anhelando: Una vida diaria de constante oración.

El y yo formamos un equipo, y cada mañana cuando salía el sol nos encontrábamos en su iglesia, postrados sobre nuestro rostro ante Dios, clamándole a él, pidiéndole que nos ungiera y nos guiara. Cuando respondí al llamado de Dios, él me reveló cómo debía orar basándome en el Padrenuestro.

Provisto de un nuevo mensaje, prediqué en reuniones juveniles de avivamiento, y evangelicé a lo largo de los Estados Unidos y en el Canadá. A medida que continué levantándome temprano cada mañana para buscar el rostro de Dios, lleno de entusiasmo compartía con otros la revelación, que cambia la vida y moldea el alma, sobre cómo orar.

Entonces, Dios me dio también un nuevo ministerio. Estaba celebrando unas reuniones de avivamiento en el Canadá, cuando la voz de Dios habló de nuevo en mi espíritu, diciéndome: «Ve a Rockwall y confirma a mi pueblo allí». Así fue como en 1980 trece personas y yo, como pastor, fundamos La Iglesia sobre la Roca, en Rockwall, Texas. Después, Dios me llamó a reclutar un ejército nacional de oración compuesto de 300 mil personas, para que los juicios pronunciados contra los Estados Unidos pudieran ser cambiados y se evitara su destrucción. Nunca habrían ocurrido los cambios milagrosos que han tenido lugar en mi vida y en mi ministerio si yo no hubiera: (1) Olvidado el pasado, y (2) respondido al llamado a orar.

Si no quieres ser cambiado vez tras vez, mantente lejos de Jesús. El te ama demasiado como para dejarte tal como eres. Si no quieres ser cambiado vez tras vez, mantente lejos de Jesús.

Abandonar lo antiguo por lo nuevo

El apóstol Pablo, quien sabía todo lo relacionado con cambiar, escribió:

> Por tanto, nosotros todos, mirando a cara descubierta como en un espejo la gloria del Señor, somos *transformados de gloria en gloria* en la misma imagen, como por el Espíritu del Señor (2 Corintios 3:18, cursivas añadidas).

La palabra griega que ha sido traducida «transformados» es *metamorfóo,* de la cual proviene la palabra *metamorfosis,* que describe el proceso por medio del cual los renacuajos pierden sus colas, les salen patas y se convierten en ranas; y a su vez las orugas se vuelven mariposas. La metamorfosis significa el cambio de una forma en otra. En 2 Corintios 3:18, el apóstol Pablo describe a los creyentes como siendo cambiados, «metamorfoseados», de gloria en gloria en la imagen de Cristo, por el poder del Espíritu Santo.

Si no quieres ser cambiado vez tras vez, mantente lejos de Jesús. El te ama demasiado como para dejarte tal como eres. Este proceso no siempre es agradable. Pablo dice que somos cambiados «de gloria en gloria» en la imagen de

Cristo. También dice en Romanos 1:17 que la justicia de Dios se revela «por fe y para fe». La fe y la gloria son maravillosas, ¿no es cierto? Pero hay algo acerca de todo esto que necesitamos comprender.

Entre cada nivel de fe y cada nivel de gloria, siempre hay una cruz, una renuncia de nosotros mismos, una muerte. El renacuajo tiene que estar dispuesto a cambiar para poder convertirse en una rana. La oruga tiene que estar dispuesta a dejar de ser lo que siempre ha sido, a encerrarse en un capullo y esperar hasta haberse transformado en mariposa. De manera similar, nosotros debemos estar dispuestos a morir al pasado; tenemos que esperar y aceptar la cosa nueva que Dios hará en nuestra vida. Debemos morir a lo que éramos si queremos convertirnos en algo nuevo. Este es el secreto para que se pueda lograr el cambio.

La mayoría de los líderes judíos del tiempo de Jesús no conocían este secreto. Ellos confiaban en sus tradiciones (la manera en que *siempre* habían hecho las cosas), y se equivocaron en cuanto al Mesías. Sus interpretaciones teológicas se habían vuelto tan rígidas que no pudieron aceptar lo nuevo que Dios estaba a punto de hacer en su medio.

Ellos prefirieron escoger los símbolos físicos a las realidades invisibles que estos representaban. Jesús les ofreció un templo espiritual, pero ellos querían un templo físico. Jesús les habló de un reino invisible, pero ellos sólo estaban interesados en un reino político y terreno. Jesús les ofreció potestad sobre el diablo, pero los judíos querían tener potestad sobre los romanos. No estaban listos para abandonar las expectativas que tenían del plan de Dios para ellos. No querían parte alguna de lo nuevo que les ofrecía Dios.

Las demandas que producen los cambios son más difíciles para algunas personas que para otras.

Las demandas que producen los cambios son más difíciles para algunas personas que para otras. Por ejemplo, no era muy difícil para mí, un pastor de jóvenes de veintisiete años de edad, obedecer el llamado de Dios para irse de Dallas y mudarse con su familia a la parte este de Texas. Pero pensemos en el valor que tuvo que tener Bob Willhite, hombre con muchos años de experiencia en el ministerio, cuando Dios le pidió que «levantara su tienda». Estaba pastoreando una iglesia de 800 miembros en la parte noroeste de Arkansas, de cuyo nacimiento él era responsable, cuando Dios le pidió que se mudara a la pequeña ciudad de Kilgore y pastoreara una iglesia de aproximadamente 250 miembros. Allí fue donde él estaba cuando Dios me dijo que me mudara para Kilgore y respondiera al llamado de orar.

Cuando conocí al pastor Willhite, me pidió que predicara en una reunión de avivamiento en su iglesia. En el momento que comenzamos a orar, Dios nos envió un avivamiento tal que la estructura religiosa establecida no pudo contenerlo.

Las personas comenzaron a salvarse, y muchas de ellas tenían la piel de «otro color». A algunos de los líderes de la iglesia no les gustó eso, ni tampoco les gustaron algunas de las otras cosas que el Espíritu Santo estaba diciéndole al pastor Willhite que hiciera. Varios de los miembros ricos estaban decididos a controlar al pastor y a la iglesia.

Pero justamente en ese momento, Dios estimó conveniente enviar a la iglesia a un misionero como predicador especial. Aunque él no sabía nada de lo que ocurría, escogió como texto para su predicación el capítulo 17 de

Jueces, y habló del sacerdote que Micaía compró, que era un predicador cuyo ministerio se vendía al mejor postor.

Cuando terminó su sermón, el misionero se volvió hacia el pastor Willhite, y le dijo: —No sé lo que esto significa, pero Dios me está diciendo que usted tiene algo que decirle a la congregación. Y es mejor que obedezca a Dios.

El pastor Willhite caminó hacia el púlpito y dijo: «Quiero que todos ustedes sepan que desde ahora en adelante no voy a aceptar ni un centavo de ustedes. Voy a devolver mi salario a la iglesia».

Cuando los hombres ricos no pudieron seguir ejerciendo control por medio de las finanzas, le dijeron al pastor Willhite: —Puede irse, y puede llevarse a su muchacho (se referían a mí) con usted.

Porque Bob Willhite estuvo dispuesto a obedecer a Dios y a olvidar el pasado, ahora está al frente de la Embajada de Oración *(Prayer Embassy)* en Washington, D.C., ayudando a dirigir un avivamiento internacional de oración. Y, ¿sabe una cosa? El todavía está dispuesto a aceptar cualquier cambio que Dios quiera hacer en su vida.

No deberíamos sentirnos ni demasiado cómodos ni demasiado seguros con nuestra carrera y con nuestro plan de trabajo. Cuando Dios dice: «¡Sal del nido y vuela!», es mejor que comencemos a batir nuestras alas.

Después que Oral Roberts habló por primera vez en nuestra iglesia, mi hijo John Aaron, me preguntó: «Papi, ¿es viejo Oral Roberts? El dijo que este año cumplió sesenta y ocho años. ¿Se es viejo a esa edad?»

«No, hijo», le contesté. «Oral Roberts no es viejo. ¿Sabes?, uno no es viejo hasta que comienza a vivir su vida en el pasado. Aunque Oral Roberts ha vivido sesenta y ocho años, aún está mirando al futuro».

Al decir esas palabras, recordé al devastado y desilusionado Larry Lea cuando salió de la Iglesia Bautista de Beverly Hills. Todavía no había cumplido treinta años,

«Uno no es viejo hasta que comienza a vivir su vida en el pasado.»

pero dentro de mí era un hombre viejo porque estaba viviendo mi vida en el pasado. Gracias a Dios que olvidé lo bueno y lo malo de mi pasado, y respondí al llamado a la oración que me hizo el Señor.

¿Eres tú «viejo»? ¿Estás viviendo tu vida en el pasado? ¿Estás lamentándote por lo que podría haber sido, o lo que debería haber sido? Entrégaselo todo a Dios. Responde al llamado que él te hace para que seas un sacerdote de la oración.

Pregúntale a Bob Willhite. Pregúntame a mí. Podrá parecerte que ese próximo paso es un largo camino cuesta abajo, pero en su tiempo Dios te levantará. El abrirá un camino en tu desierto y hará correr ríos en tu soledad. El hará una cosa *nueva.*

Obstáculos en los propósitos de Dios

Cada iglesia y cada creyente deben buscar a Dios hoy y obrar de acuerdo con la dirección de su Espíritu. Sustituir el nuevo y copioso fluir del Espíritu Santo por la reputación, los programas o las tradiciones es una señal evidente de una salud espiritual decadente. Puede ser que en vez de apreciar y movernos en la dirección que el Espíritu nos guíe, por medio de nuestros programas y tradiciones estemos diciéndole a Dios lo que él puede y no puede hacer.

En 1860, Andrew Murray, el querido líder espiritual, procedente de Sud Africa, conocido por su doctrina sobre la santidad y su cristianismo práctico, cayó en la trampa de decirle a Dios lo que debía hacer. Según lo que se relata en *The Pentecostals: The Charismatic Movement in the Churches [Los pentecostales: El movimiento carismático en las iglesias],* por W. J. Hollenweger, sesenta jóvenes de la iglesia que pastoreaba el reverendo Murray estaban reunidos en un pequeño salón, después del servicio del domingo por la noche. Después de cantar un himno y leer las Escrituras, cuatro o cinco de ellos tomaron turnos guiando al grupo en oración.

A mediados de la emocionante intercesión de una joven se escuchó un estruendo distante. El ruido se oyó cada vez más cerca, hasta que el salón pareció sacudirse y, entonces, de pronto casi todos los jóvenes comenzaron a orar al mismo tiempo, algunos en un susurro, otros en tono normal.

En el ambiente presbiteriano formal y bien ordenado, las voces de unas sesenta personas orando al mismo tiempo parecían casi ensordecedoras. Un anciano, que había escuchado el estruendo y había visto lo que estaba ocurriendo, fue apresuradamente a buscar al pastor. Cuando el reverendo Murray entró al salón, hizo un llamado al silencio, pero todos siguieron orando. Otra vez, el reverendo Murray gritó: «¡Hermanos, soy su ministro enviado por Dios; silencio!» Pero, como los jóvenes estaban orando tan fervientemente, implorando la misericordia y el perdón de Dios, no lo oyeron.

Después de varios intentos más, que fueron inútiles, Andrew Murray dijo en un tono severo: «Dios es un Dios de orden, y todo aquí es un desorden», y salió del salón.

Todas las noches durante esa semana, el pastor Murray celebró reuniones de oración, y el grupo aumentó tanto que tuvieron que mudarse a otro edificio. El trató, sin éxito, de dirigir las reuniones de oración de tal manera que fueran tranquilas y controladas.

Entonces, el sábado por la noche, cuando el reverendo Murray dirigía la reunión, el misterioso estruendo se escuchó de nuevo, acercándose cada vez más. Tal y como había sucedido anteriormente, toda la congregación se puso a orar al mismo tiempo.

Cuando él hizo un llamado para que el grupo guardara silencio, un extraño que había estado observando desde la puerta de entrada lo que estaba ocurriendo, entró y fue hasta donde se encontraba el inquieto pastor, y le advirtió: «Tenga cuidado con lo que hace, porque el Espíritu Santo está obrando aquí. Acabo de llegar de los Estados Unidos, y esto es precisamente lo que vi ocurrir allí».

El pastor Murray hizo caso de las palabras de advertencia de aquel extraño, y cincuenta hombres jóvenes se consagraron para servir al Señor en el ministerio, y el avivamiento se extendió por toda la comunidad y por las ciudades de los alrededores.

Al igual que Andrew Murray, nosotros también tenemos la tendencia a sentir temor de lo que no hemos experimentado antes. Retrocedemos ante lo que no entendemos.

«Si *eso* es lo que significa la consagración», dicen algunos, retrocediendo para que no les caiga ni una gota de sangre sobre sus cómodos hábitos, «no quiero consagrarme». «Si *eso* es la unción», afirman otros con desdén y con una actitud de fanatismo religioso, señalando al reluciente aceite, «no quiero que me echen esa cosa encima. Si no te importa, Señor, prefiero permanecer dentro de los límites seguros de mis solemnes tradiciones».

Pero la vida de Jesús no va a ningún lado sin el toque de su sangre. Y la bendición y el poder de su Espíritu sólo se mueven donde se le permite al aceite de la unción fluir libremente. Esto es cierto para las denominaciones, las instituciones, las iglesias y para los creyentes individuales. Si vamos a ser seguidores de Jesús, no podemos ser iguales a los que se aferran a las antiguas tradiciones. Lo que Dios me dijo a mí se aplica a todos: Si quieres encontrar la cosa nueva, debes olvidar el pasado.

DOS

TÚ ERES UN SACERDOTE

Dios ha escogido a los creyentes en Cristo para un propósito especial. Tenemos privilegios extraordinarios y responsabilidades emocionantes que no tienen que ver con el ir a la iglesia el domingo por la mañana para criticar lo que se hace en la plataforma o recibir nuestras bendiciones. Somos sacerdotes del Dios Altísimo. ¿Es difícil creer que cada creyente es un sacerdote?

En el comienzo de la historia de la raza humana, cada individuo ofrecía sacrificios personales y oficiaba como sacerdote delante de Dios. Cada persona podía ir directamente a Dios, sin necesidad de ningún abogado o intermediario (ver Génesis 4:3-5, por ejemplo). Más tarde, cuando los descendientes de Abraham eran esclavos en Egipto, el cabeza de cada familia actuaba como sacerdote a favor de todos los miembros de la misma. Por ejemplo, en el capítulo 12 del Exodo, a cada padre hebreo se le dieron instrucciones para que matara un cordero y rociara su sangre sobre los dos postes y el dintel de su casa, para que el ángel de la muerte pasara de largo.

Pero después que los hijos de Israel salieron de Egipto, el método de Dios para tratar con su pueblo cambió drásticamente. Cuando llevaban tres meses de viaje hacia Canaán, Moisés, su líder, en obediencia a la orden directa de Dios, sacó al pueblo del campamento para encontrarse con Dios. Todos estaban al pie del monte Sinaí que estaba cubierto de humo, y temblaron al ver la aterradora escena que tenía lugar ante sus ojos.

Cuando el Señor descendió en fuego, el monte se estremeció violentamente, y subieron enormes nubes de humo (Exodo 19:18, 19; 20:18). En medio del sonido de la bocina, Dios le habló a Moisés en voz audible, y todo el pueblo huyó aterrorizado y le imploró a Moisés: «Habla tú con nosotros, y nosotros oiremos; pero no hable Dios con nosotros, para que no muramos» (Exodo 20:19).

El versículo 21 lo resume todo: «Entonces el pueblo estuvo a lo lejos, y Moisés se acercó a la oscuridad en la cual estaba Dios». Los israelitas, conscientes sólo de su indignidad e incapaces de soportar la presencia santa de Dios, se alejaron. Pero Moisés, quien estaba íntimamente consciente del carácter y de la naturaleza de Dios, se acercó a él. Creyendo que Moisés era más aceptable a un Dios

Pero Dios había prometido hacer de toda la nación un sacerdocio santo... Ellos habrían de convertirse en instrumentos terrenales de sanidad y reconciliación.

santo que ellos, los israelitas quisieron que Moisés interviniera y se convirtiera en su mediador delante de Dios.

Pero Dios había prometido hacer de toda la nación un sacerdocio santo. Precisamente tres días antes, Dios le había dado este mensaje a Moisés para que se lo comunicara al pueblo:

> Ahora, pues, si diereis oído a mi voz, y guardareis mi pacto, vosotros seréis mi especial *tesoro* sobre todos los pueblos... Y vosotros me seréis *un reino de sacerdotes, y gente santa* (Exodo 19:5, 6, cursivas añadidas).

El pueblo de Israel fue escogido, puesto aparte por Dios. El prometió en Exodo 19:5 que Israel sería su *tesoro.* La palabra hebrea utilizada aquí se refiere al cofre del tesoro de un rey en el que se guardan sus posesiones más valiosas. Toda la tierra es de Dios, sin embargo, él escogió a Israel por encima de todos los demás pueblos y naciones, para que fuera su especial tesoro, cuidadosamente guardado. Israel fue puesto aparte por Jehová como su propiedad personal. La intención de Dios fue que los israelitas fueran un reino santo de sacerdotes que poseían el privilegio de acercarse a Dios.

Como sacerdotes, los israelitas fueron llamados a ministrar al Señor, y a funcionar como mediadores entre Dios y las personas pecadoras y necesitadas. Ellos habrían de convertirse en instrumentos terrenales de sanidad y reconciliación; por medio de Israel, todas las naciones del mundo serían bendecidas (Génesis 12:3).

Los levitas como sustitutos

Inmediatamente después de los maravillosos acontecimientos que todos los israelitas presenciaron en el Sinaí, Moisés subió al monte para recibir la ley de Dios que hizo un pacto con el pueblo (véase Exodo 24-28). Durante ese tiempo, Dios escogió a una tribu, la de Leví, para que fuera separada con el fin de ministrar delante de él. Escogió a un hombre de esa tribu, Aarón, para que se convirtiera en el sumo sacerdote de Israel, y ordenó que los hijos de Aarón fueran consagrados para servir al pueblo como sacerdotes.

Aunque Dios había reclamado para sí a los varones primogénitos de las doce tribus cuando los había salvado del ángel de la muerte (Exodo 13:11-16), permitió que los hombres de la tribu de Leví se convirtieran en sustitutos de sus compañeros que eran miembros de las demás tribus (Números 3:9-13; 8:14-19).

El sacerdocio aarónico fue escogido para ofrecer las oraciones, las acciones de gracia y los sacrificios del pueblo a Dios, y para transmitir la misericordia, la salvación y las bendiciones de Dios al pueblo. Desde ese momento en adelante, cada israelita debía llevar una ofrenda a un lugar determinado, donde un levita representaría a su familia delante de Dios.

Pero llegó el día triste, cuando el pueblo de Israel, junto con sus sacerdotes, sus oraciones y sus sacrificios, se convirtió en un motivo de profundo disgusto para Dios. En su rebelión y maldad, imprudentemente pasaron por alto los propósitos santos de Dios.

«¡Vuestros sacrificios no son ofrendas hechas de corazón!», les dijo Dios censurándolos severamente. «No son

Dios...su propósito era que el sacerdocio de ellos fuera de servicio y de testimonio para el resto del mundo. Pero gradualmente se alejaron más y más del propósito de Dios.

nada más que una vana ceremonia religiosa. Estoy cansado de vuestras ofrendas injuriosas, desprovistas de obediencia, y de vuestros sacrificios beatos, carentes de rectitud. Yo no he invitado a vuestros pies impíos para que pisoteen mis atrios. Mis oídos ya no escucharán vuestras oraciones porque vuestras manos están llenas de sangre» (véase Isaías 1:11-17).

Dios dijo muy claramente lo que Israel tendría que hacer si quería que su interrumpida relación con Dios fuera restaurada. La nación debería lavarse y limpiarse, y desechar sus malas acciones. Los sacerdotes tendrían que ser intermediarios justos entre Dios y los hombres. En pocas palabras, el pueblo de Israel y sus sacerdotes debían arrepentirse y regresar a su propósito original. Dios había ordenado que ellos fueran embajadores que atendieran y ministraran a las personas necesitadas y quebrantadas del mundo.

Recordemos que el plan de Dios había sido que los hombres de toda la nación fueran sacerdotes, no solamente unos pocos escogidos. Su propósito era que el sacerdocio de ellos fuera de servicio y de testimonio para el resto del mundo. Pero gradualmente se alejaron más y más del propósito de Dios.

El ministerio sacerdotal de Cristo

Debemos comprender que los sacerdotes del Antiguo Testamento sólo eran un tipo, una sombra de Jesús, el gran

Sumo Sacerdote que habría de venir. Los sacrificios que los sacerdotes aarónicos ofrecían no eran nada más que símbolos de Jesús, el Cordero de Dios que quitaría el pecado del mundo.

Como los sacrificios del Antiguo Testamento sólo eran un remedio temporal para el pecado, y nunca podían hacer perfectos a quienes los ofrecían, las personas y los sacerdotes se veían obligados a ofrecer los mismos sacrificios año tras año (Hebreos 10:1).

Cuando nació Jesús, los judíos estaban aún confundidos acerca del propósito de Dios para ellos. Aunque se esforzaban por ser un pueblo santo, separado, los escribas y fariseos sustituyeron la obediencia por la religiosidad, y el amor por la rigidez legal. Para ser santa, según la tradición de los fariseos, la persona tenía que dedicar todo su tiempo a un sinfín de reglas. Por consiguiente, el acceso a Dios estaba fuera del alcance del hombre común.

Jesús hizo la siguiente declaración a los líderes judíos: «El reino de Dios será quitado de vosotros, y será dado a gente que produzca los frutos de él» (Mateo 21:43). ¿Cuál era la gente a la que se refería Jesús? Esa gente era todos los que creerían en el Señor Jesús y anunciarían su evangelio al mundo. Pedro, uno de los doce primeros apóstoles, explicó esto en una carta dirigida a los creyentes perseguidos y dispersados en el Asia Menor:

> Mas vosotros sois linaje escogido, real sacerdocio, nación santa, pueblo adquirido por Dios, para que anunciéis las virtudes de aquel que os llamó de las tinieblas a su luz admirable; vosotros que en otro tiempo no erais pueblo, pero que ahora sois pueblo de Dios...
> (1 Pedro 2: 9, 10).

De la manera que Dios...te llama a ti, como creyente, a cumplir los mismos propósitos sacerdotales.

Israel desatendió su obligación de ser instrumento de Dios de sanidad y reconciliación. Lamentablemente, los mejores esfuerzos del sacerdocio aarónico para cumplir ese propósito fueron inadecuados (Hebreos 10:1-4). Pero Jesucristo, el Mesías, vino para cumplir su ministerio ofreciéndose a sí mismo. Desde todos los puntos de vista, el sacerdocio de Jesucristo superó al del linaje de Aarón, y cumplió el ministerio sacerdotal que Dios, desde el principio, había ordenado para que Israel lo manifestara al mundo.

Después de la crucifixión de Cristo, que fue el sacrificio supremo, no hubo necesidad de sacrificios de animales. Su muerte expiatoria en la cruz realizó «la purificación de nuestros pecados» (Hebreos 1:3) que los sacrificios de los animales no pudieron lograr. Su sacrificio fue más que un simple símbolo, porque cuando él, el Cordero de Dios, gustó la muerte por todos los seres humanos (Hebreos 2:9), la expiación terminó de una vez para siempre (Hebreos 7:27; 9:26).

¿Y cuáles son nuestros propósitos como sacerdocio real y santo de Dios? El apóstol Pedro nos dice que debemos anunciar «las virtudes de aquel que os llamó de las tinieblas a su luz admirable», y que tenemos que «ofrecer sacrificios espirituales aceptables a Dios por medio de Jesucristo» (1 Pedro 2:9, 5).

De la manera que Dios llamó a la nación de Israel, te llama a ti, como creyente, a cumplir los mismos propósitos sacerdotales: a ministrar al Señor en oración y adoración, a ministrar a otros demostrando el poder de Dios y su bondad, y a ser un instrumento por medio del cual voluntad de

Dios pueda ser hecha en la tierra así como es hecha en el cielo. Tú eres un sacerdote, llamado a ser el representante de los hombres delante de Dios, y el representante de Dios delante de los hombres.

Como sacerdote del Dios Altísimo, tienes extraordinarios privilegios y emocionantes responsabilidades. Puedes aceptar el llamado de Dios o, como hizo Israel, puedes rechazarlo.

He realizado un gran descubrimiento que ha cambiado mi vida para siempre. He descubierto que Larry Lea ha sido llamado a ser un sacerdote del Dios eterno, omnipotente y santo. Al igual que los sacerdotes del Antiguo Testamento, he sido llamado a llevarle diariamente sacrificios a él. He sido llamado a llevar el mensaje de reconciliación de Dios a las personas desesperadas y quebrantadas de este mundo. Tengo un propósito en la vida que va más allá de acumular cosas materiales, y tú también lo tienes.

¡Tú también eres sacerdote! Posees un llamado y un propósito divinos. Tienes obligaciones sagradas y privilegios extraordinarios. El llamado a orar y a alabar como sacerdote del Dios Altísimo es un llamado que se le ha hecho a todos los creyentes. No sigas el ejemplo de los que desatendieron el propósito de Dios para sus vidas. Sigue a Jesús, quien te llamó a ser un sacerdote.

TRES

NO ERES UN SACERDOTE ESPECTADOR

Quién eres tú?» Si el próximo domingo te pararas en la entrada de tu iglesia y les formularas esta pregunta a todos los miembros según fueran saliendo del servicio, ¿cuáles crees que serían sus respuestas? Es posible que un miembro dijera: «Soy doctor». Otro tal vez contestaría: «Soy programador de computadoras». Alguien quizá respondería: «Soy secretaria». Si yo te hiciera esa pregunta, ¿qué me dirías *tú*?

¿Te has detenido alguna vez a pensar que lo que haces no es necesariamente lo que eres? Tu trabajo no es lo que tú eres; es simplemente lo que haces para sostener tu sacerdocio. Ya sea que trabajes con la cabeza o con las manos, tú eres un sacerdote. Hasta que entiendas este concepto fundamental, sentirás una «inquietud vocacional», y te preguntarás por qué no estás satisfecho con tu trabajo.

El cristianismo casi se ha convertido en un deporte para espectadores. Muchos creyentes parecen haber desarrollado la siguiente manera de pensar: *Me gano la vida, asisto a la iglesia, doy mi diezmo. Los que están en la plataforma son los sacerdotes.*

Es imposible que los clérigos puedan realizar todo el trabajo que Dios ha llamado a hacer a su pueblo. Dios nombra y establece apóstoles, profetas, evangelistas, pastores y maestros para que puedan preparar cabalmente a su pueblo con el fin de que proclamen el evangelio y ministren. Entonces, a medida que los creyentes realizan la obra del ministerio, el cuerpo de Cristo se edifica y se produce crecimiento espiritual. Si examinamos cuidadosamente Efesios 4:11-13, descubrimos esta relación de causa y efecto.

> Y él mismo constituyó a unos, apóstoles; a otros, profetas; a otros, evangelistas; a otros, pastores y maestros, a fin de perfeccionar a los santos para la obra del ministerio, para la edificación del cuerpo de Cristo, hasta que todos lleguemos a la unidad de la fe y del conocimiento del Hijo de Dios, a un varón perfecto, a la medida de la estatura de la plenitud de Cristo.

¿Te has detenido alguna vez a pensar que lo que haces no es necesariamente lo que eres? Tu trabajo no es lo que tú eres; es simplemente lo que haces para sostener tu sacerdocio.

Dios nunca tuvo la intención de que el mundo fuera alcanzado solamente por los ministros ordenados que trabajan jornada completa. Sin duda, alcanzar al mundo es la tarea de todos los creyentes, ya sea que seamos o no ordenados.

Ciertamente, casi todas las iglesias necesitan escoger a un líder capacitado, y proveer a esa persona de la autoridad necesaria para cumplir con obligaciones específicas. Las iglesias se han dado cuenta de que es necesario librar a esa persona de toda, o al menos de parte, de la carga de ganarse la vida en el mundo secular, para que pueda dedicar todo su tiempo al servicio del Señor (1 Corintios 9:14). Sin embargo, los laicos deben comprender que no pueden pagarle a un pastor para que haga lo que Dios los ha llamado a hacer a *ellos*.

La iglesia es el área principal del servicio del pastor, mientras que la esfera principal del servicio de los laicos es el mundo. En sus trabajos, en sus vecindarios y en sus comunidades, los laicos tienen relación con personas a las cuales ministran, y con las cuales sus pastores nunca tendrán contacto. Sé que esto es cierto porque lo he comprobado por medio de muchas experiencias personales. Lo que relataré a continuación es un buen ejemplo de este punto.

Le entregué mi corazón a Dios cuando tenía diecisiete años de edad. Unos tres años después, cuando estaba estudiando en el *Dallas Baptist College* [Colegio Bautista de

Dallas], el Señor puso en mi corazón la convicción de que debía andar en el Espíritu y ser sensible a sus mandatos. Mientras oraba una noche, su unción vino sobre mí, y le prometí al Señor que siempre trataría de obedecerlo.

Unos dos días después, estaba comiendo en un restaurante que quedaba cerca del colegio, cuando el Espíritu de Dios habló muy claramente a mi corazón: «Cuando salgas de aquí, te voy a mostrar a un hombre al que quiero que le hables».

Me imaginé que el hombre sería de mi edad, y que eso me haría sentirme a gusto al acercarme a él. Resultó ser un hombre mucho mayor que yo. Estaba sentado solo, desplomado sobre una silla en una mesa cerca de la puerta de entrada del restaurante. Se sostenía la cabeza con ambas manos, y miraba fijamente a una taza de café que tenía delante. Caminé hasta su mesa, vacilé por un instante, y luego pasé de largo por su lado y salí del restaurante. No supe qué decir. Sentía como si la boca se me hubiera congelado.

Entré a mi automóvil y encendí el motor, pero el Espíritu Santo no me dejaba tranquilo. Me preguntó: «¿Vas a hablarle o no?» Así que apagué el motor y regresé al restaurante.

Sin esperar por una invitación ni por una mirada amistosa, me senté a su mesa.

«Señor», le dije, «tengo algo que decirle; sentí un impulso tremendo de hablar con usted».

Algo sorprendido, pero demasiado abatido para protestar, me respondió: «¿Qué puede hacer usted para ayudarme? Soy alcohólico».

El no tenía la menor idea de que hacía sólo unas seis semanas mi padre se había salvado y había sido liberado del alcohol.

«¡Hombre, no se imagina la historia que tengo para

En realidad, los dones espirituales que Dios mismo dio a los creyentes parecen haber sido la clave para el llamado y para el ministerio.

contarle!» exclamé, e inmediatamente comencé a relatarle el testimonio de mi padre.

A los pocos minutos había guiado a aquel hombre a aceptar a Jesucristo como su Salvador.

Eso es lo que quiero decir cuando afirmo que los creyentes comunes se relacionan con personas a las cuales sus pastores nunca se relacionarán. Los creyentes se encuentran con situaciones en las «salas de emergencia» de la vida, en las que no se puede esperar que alguien del personal de la iglesia aparezca en la escena. La enfermedad, el pecado y la depresión no tienen horas de oficina. No se puede hacer esperar a la muerte y la desesperación. Tú y yo debemos abrir nuestros oídos al Espíritu de Dios, y obedecerle cuando nos mueve para que sepamos «hablar palabras al cansado» (Isaías 50:4). Tenemos el ministerio, y Dios nos hará responsables de su cumplimiento.

Dado que todos los creyentes no son expertos en historia eclesiástica, un breve resumen histórico podría hacer más claro este asunto de los ministros y los laicos.

Un estudio cuidadoso del libro de Los Hechos y de las epístolas revela que el cristianismo surgió mayormente como un movimiento laico. En su comienzo la iglesia tenía muy poca organización formal. En realidad, los dones espirituales que Dios mismo dio a los creyentes parecen haber sido la clave para el llamado y para el ministerio. Se daba por sentado que todos los que eran parte del pueblo de Dios habían sido llamados a trabajar para él. Los laicos estaban activos en sus servicios de adoración (1 Corintios

14:16, 26), y estaban involucrados en la disciplina de la iglesia (Santiago 5:16; 1 Corintios 5; Mateo 18:15-20).

En ese tiempo, los laicos disfrutaban de completa participación en la enseñanza, el evangelismo misionero y la instrucción de los nuevos creyentes. Un ejemplo de esto lo son Priscila y su esposo Aquila, quienes hacían tiendas. La pareja tenía una iglesia en su casa (1 Corintios 16:19), ayudaron al apóstol Pablo (Hechos 18:18), e instruyeron teológicamente a Apolo (v. 26). Las sanidades, el echar fuera demonios y la manifestación de los dones espirituales eran frecuentes durante los primeros cien años de la iglesia. Presta atención a este fascinante informe que Ireneo presentó en el siglo segundo, y que ha sido tomado de su obra: *Against Heresies [En contra de las herejías]:*

> Algunos [creyentes] realmente echan fuera demonios, y frecuentemente los que de esa manera han sido limpiados de espíritus malignos, creen [en Cristo] y se unen a la iglesia. Otros saben de antemano cosas que van a suceder: ven visiones y dan profecías. Otros sanan a los enfermos imponiendo sus manos en ellos. Además, como he dicho antes, hasta los muertos han sido resucitados, y han permanecido entre nosotros por muchos años. ¿Y qué más diré? No es posible mencionar la cantidad de dones que la iglesia [dispersada] a través del mundo, ha recibido de Dios, en el nombre de Jesucristo, quien fue crucificado bajo Poncio Pilato, [dones] que ella ejerce día tras día para beneficio de los gentiles, sin engañar a nadie, ni recibir ninguna recompensa de ellos. Porque así como ha recibido del Señor gratuitamente, también gratuitamente ministra.

Al final del siglo tercero la iglesia ya no era vista como una comunidad carismática (es decir, llena de dones espirituales) en la cual todos los creyentes eran ministros y sacerdotes.

Los relatos históricos de la predicación de misioneros durante los tres primeros siglos, revelan que las actividades de los misioneros médicos entre sus vecinos idólatras fueron muy efectivas debido a que los cristianos sanaron a más personas que los exorcistas paganos.

Poco a poco los laicos abandonaron su ministerio, y la iglesia fue dominada por una jerarquía de clérigos. Al final del siglo tercero la iglesia ya no era vista como una comunidad carismática (es decir, llena de dones espirituales) en la cual todos los creyentes eran ministros y sacerdotes. En lugar de eso, los creyentes estaban divididos en clérigos y laicos, sagrados y seculares, hombres y mujeres. La idea de que el reino de sacerdotes incluía a todos los miembros del cuerpo de Cristo no tenía mucho significado en la práctica.

Al final del siglo cuarto ningún laico podía administrar los sacramentos. No se podía cantar en la iglesia ningún salmo escrito por creyentes laicos; se esperaba que los laicos se sentaran pasivamente durante todo el tiempo de los servicios.

Al final del siglo quinto los ministerios laicos habían disminuido aún más. Las viudas, aunque tuvieran educación, no podían bautizar o enseñar a los hombres, y se entendía que los hombres laicos no podían predicar. Los laicos que querían ser ordenados al ministerio tenían que pasar por una serie de oficios eclesiásticos complicados antes de llegar a ser sacerdotes.

La Reforma del siglo dieciséis, inspirada por Martín Lutero, trató de restaurar el principio y la práctica del sacerdocio del creyente. Entre los muchos cambios instituidos por Lutero se encontraba el volver a los pequeños grupos, es decir, pequeñas reuniones de creyentes, a las cuales llamó «iglesias en casas».

Juan Wesley (1703-1791), fundador del movimiento metodista, continuó con la idea de la iglesia reuniéndose en casas. Estableció tres reuniones semanales: una reunión de predicación, una reunión de enseñanza y una reunión de clases en la que cada uno testificaba de lo que el Señor estaba haciendo en su vida.

Lutero y Wesley, y otros después de ellos, trataron de restaurar la iglesia a lo que había sido originalmente: un compañerismo de creyentes, participando todos activamente en la obra del ministerio. Pero según pasó el tiempo, los laicos volvieron a adoptar una mentalidad de espectadores, y lo que debió ser la obra de todo el pueblo de Dios, lentamente se convirtió en la labor de unos pocos: los clérigos profesionales.

Hoy en día, muchos creyentes entran en las iglesias pensando: «Vengo a recibir mi bendición», en vez de pensar: «Vengo a ser una bendición». En vez de obedecer la orden de Cristo de visitar a los enfermos, los creyentes apáticos llaman a la oficina de la iglesia y le dicen al pastor que algún hermano o hermana está enfermo o enferma, y al hacer esto creen que ya han cumplido con su deber.

Como dije antes, ni siquiera con personal profesional a sueldo que los ayude, los pastores pueden hacer la labor que los laicos han sido llamados a realizar. Hoy en día, esperamos que un pastor lleve a cabo programas efectivos, visite a los enfermos, case a los enamorados y entierre a los muertos. Los pastores tienen que ser consejeros, administradores, maestros, recaudadores de fondos, arquitectos, conserjes y directores del servicio de adoración. Esperamos que los pastores sean motivadores sin convertirse en manipuladores, que preparen mensajes inspiradores y que ganen una gran cantidad de personas para Cristo, a pesar de que les dejamos muy poco tiempo disponible para estudiar y orar.

¿Qué es lo que estoy tratando de decir? Que ser miembro de la familia de Dios es mucho más que presentarse dos o tres veces a la semana «para comer». Si diariamente no estamos cumpliendo con nuestras responsabilidades como sacerdotes, todo lo que estamos haciendo es jugar a la religión.

Creo firmemente que si «vamos a volver el mundo al revés» para Cristo, como hizo la iglesia primitiva, debemos comprender tres principios muy importantes que encontramos en el Nuevo Testamento:

- *Todos los creyentes son llamados* (1 Pedro 2:9).
- *Todos los creyentes tienen dones espirituales* (1 Corintios 12:4-11; Romanos 12:4-8).
- *Todos los creyentes son ministros* (1 Pedro 4:10, 11; 1 Corintios 12:5; Hechos 11:29).

Esta es, en pocas palabras, la teología del Nuevo Testamento en cuanto a los laicos y los clérigos. Nombrados por el Señor mismo para ser un reino de sacerdotes, todos los creyentes han sido llamados por Dios para cumplir con sus responsabilidades sacerdotales y edificar el cuerpo de Cristo.

Ahora quisiera formularte una pregunta: ¿Quién eres? Espero que no declares tu ocupación como respuesta, sino que con la cabeza erguida digas: «¡Soy un sacerdote del Dios Altísimo!»

CUATRO

BUSQUEMOS EN EL CORAZÓN Y LA MENTE DE DIOS

Dios está llamándote para que seas un sacerdote que ora. En realidad, Dios está llamando a un gran número de sacerdotes que oren. El quiere que los que son parte de su pueblo se conviertan en hombres y mujeres de oración e intercesión. Si no estamos andando y viviendo en oración, estaremos fuera de armonía con lo que ocurre en el reino de Dios.

Para sentir lo que Dios tiene en su corazón y para comprender sus planes, necesitas pasar tiempo en su presencia.

Un espíritu de revelación

Para llegar a conocer a Dios profundamente, debes aceptar su llamado a ser un intercesor, y desarrollar una relación íntima con él. Si no lo haces, solamente imitarás a otros hombres y mujeres de Dios.

Si quieres que Dios te hable, entonces debes comenzar a hablarle a él de ti y de los demás. Debes adquirir la costumbre santa de ministrar *(leitourgéo)* al Señor, separando tiempo para el sagrado servicio sacerdotal que cada creyente puede ofrecerle a Dios por medio de la oración y la adoración personal (Hechos 13:2). A medida que hagas esto, una revelación clara y viva fluirá de tu espíritu.

Permíteme asegurarte que Dios quiere hablar contigo, aún más de lo que tú quieres que él te hable a ti. El sólo está esperando que pongas tus prioridades en el orden correcto. Este principio se aplica tanto a los pastores como a sus congregaciones.

El noventa y ocho por ciento de lo que predico lo recibo de Dios mientras estoy orando. Me siento o me arrodillo en mi oficina con la Biblia cerca de mí, o en la mano, y mientras oro y escucho al Espíritu Santo, Dios trae una palabra a mi corazón.

Muchos predicadores hacen este proceso al revés. En el seminario se nos enseñó a preparar sermones metódicamente de la siguiente manera: Primero debíamos estudiar la Biblia y obtener una idea. Luego utilizábamos las herramientas de la exégesis, la hermenéutica y la homilética para

Permíteme asegurarte que Dios quiere hablar contigo, aún más de lo que tú quieres que él te hable a ti. El sólo está esperando que pongas tus prioridades en el orden correcto.

desarrollar un sermón alrededor de esa idea, y después orábamos para pedirle a Dios que lo bendijera.

Creo en estudiar la Biblia. Sigo un plan de leer la Biblia todos los días y estudio sistemáticamente la Palabra de Dios. He sido decano del Seminario de la Universidad Oral Roberts. Creo en la enseñanza y en estudiar diligentemente.

Pero los pastores debemos orar hasta que recibimos la revelación de Dios, y luego debemos dejar que esa verdad empiece a desarrollarse en nuestro espíritu. Debemos estudiarla en la Palabra de Dios, orar y gemir por ella, y luego comunicarla bajo el poder y la unción del Espíritu Santo. Cuando un predicador puede pararse detrás del púlpito y decir: «¡Esto es lo que el Señor ha dicho para ustedes hoy!», la voz dentro de la voz de ese predicador penetrará en los corazones de las personas y las moverá a salir de su estado de complacencia consigo mismas.

En tiempos pasados, Dios habló a su pueblo desde afuera hacia adentro. Para oír a Dios, la persona común tenía que buscar a un sacerdote o profeta. Pero ahora, él habla desde adentro hacia afuera, por medio de su Espíritu Santo que mora en nosotros, y que se comunica a nuestro espíritu y por medio de él. Jesús, nuestro Sumo Sacerdote, prometió:

> Y yo rogaré al Padre, y os dará otro Consolador, para que esté con vosotros para siempre: el Espíritu de verdad, al cual el mundo no puede recibir, porque no le ve,

> ni le conoce; pero vosotros le conocéis, porque mora con vosotros, y estará en vosotros ... Mas el Consolador, el Espíritu Santo, a quien el Padre enviará en mi nombre, él os enseñará todas las cosas, y os recordará todo lo que yo os he dicho (Juan 14:16, 17, 26).

Como creyente, diariamente deberías orar:

> Por lo cual también nosotros, desde el día que lo oímos, no cesamos de orar por vosotros, y de pedir que seáis llenos del conocimiento de su voluntad en toda sabiduría e inteligencia espiritual, para que andéis como es digno del Señor, agradándole en todo, llevando fruto en toda buena obra, y creciendo en el conocimiento de Dios (Colosenses 1:9, 10).

Dios les ha dado a los sacerdotes del Nuevo Testamento fuentes de dirección y de consejo para el discernimiento de su voluntad. Tenemos acceso a la Palabra de Dios, al Espíritu Santo y a los dones de revelación del Espíritu que son la palabra de sabiduría, la palabra de ciencia y la profecía. A medida que a diario nos ponemos nuestra coraza de justicia (Efesios 6:14), y mantenemos nuestro corazón sensible y abierto, la voz del Espíritu Santo tomará las cosas del Padre y nos las enseñará. El nos guiará a toda verdad.

¿Por qué los pastores y sus congregaciones necesitan esa clase de revelación? Para descubrir la forma en que ataca el enemigo y para determinar las maniobras espirituales que destruirán a las fuerzas de Satanás. Por medio de la revelación, el Espíritu de Dios da direcciones y soluciones claras para nuestras circunstancias y problemas, ya sean económicos, físicos, espirituales o emocionales. La reve-

En resumen, un sacerdote que ora necesita un espíritu de intercesión, el cual conduce a la revelación. Y la revelación, combinada con el valor para obedecer, trae como resultado la manifestación.

lación es una parte indispensable del equipo del sacerdote que ora.

Después de recibir la revelación, el sacerdote que ora necesita la manifestación del poder sobrenatural de Dios. Pero esa manifestación no se produce automáticamente. Depende del valor de la persona, valor para obedecer lo que le ha sido revelado, y valor para aferrarse a esa revelación y ponerla en práctica.

Piensa en las veces que has fallado espiritualmente. Probablemente te sucedió por una de estas dos razones: Sin haber recibido revelación alguna del Señor, actuaste con orgullo y dijiste: «En el nombre de Jesús voy a hacer esto, aunque me cueste la vida», y eso fue lo que casi te costó. O, si habías recibido la revelación del Señor, no tuviste suficiente valor para aferrarte a lo que Dios te dijo y ponerlo en práctica. El valor es el eslabón perdido entre la revelación y la manifestación del poder de Dios.

En resumen, un sacerdote que ora necesita un espíritu de *intercesión,* el cual conduce a la *revelación.* Y la *revelación,* combinada con el valor para obedecer, trae como resultado la *manifestación.* La promesa de Dios continúa vigente: «Clama a mí, y yo te responderé, y te enseñaré cosas grandes y ocultas que tú no conoces» (Jeremías 33:3). Solamente Dios sabe cuáles son las grandes proezas que en el futuro pueden realizar las personas que deciden pasar tiempo delante de él en intercesión, reciben su revelación, la obedecen valerosamente y ven la manifestación sobrenatural del poder divino.

Sentir el corazón de Dios

«¡Doctor Lea! ¡Doctor Lea!»

«¿Y ahora qué?», dije entre dientes, esa fría mañana otoñal del año 1988. Yo estaba tratando de cumplir con dos trabajos: Era pastor de la Iglesia sobre la Roca en Rockwall, y decano de la Escuela de Teología para Graduados de la Universidad Oral Roberts, en Tulsa, Oklahoma. Todavía tenía muchas cosas que hacer antes de tomar el avión que me llevaría de regreso a Texas por la tarde.

Di un suspiro mientras miraba hacia el estrecho y ruidoso pasillo lleno de estudiantes que iban apresuradamente en dirección a sus próximas clases. Entonces vi al hombre que había gritado llamándome por mi nombre. Estaba sentado en una silla de ruedas, agitando una mano en la que sostenía algo que parecía ser una nota. Comencé a ir hacia él, pero alguien que quería hacerme una pregunta me tomó del brazo. Nunca llegué a hablar con aquel joven en la silla de ruedas.

Regresé a mi oficina para terminar de preparar el sermón sobre la compasión que iba a predicar esa noche en mi iglesia en la ciudad de Rockwall. Pero no podía concentrarme. Algo no dejaba de corroerme por dentro. ¿Qué era? ¿Qué había olvidado?

Entonces recordé al hombre en la silla de ruedas. Fue como si Dios me hubiera dicho: «Hijo mío, hasta que no tengas su nota y le ministres a él, no tienes ningún derecho a pararte delante de tu congregación esta noche y predicarles sobre la compasión». Así que llamé a una de las secretarias, le dije cómo era el hombre, y le pedí que lo encontrara a él y a su nota.

Poco después ella me trajo la nota, la cual decía más o menos lo siguiente: «Estimado doctor Lea, le he pedido a Gladys que se case conmigo. Probablemente ella es mi

Un sacerdote en los tiempos del Antiguo Testamento no estaba totalmente preparado para presentarse delante del Dios Santo, para interceder en favor de los pecadores, si no tenía un corazón compasivo

única oportunidad de poder casarme. He orado mucho por esto, pero todo se lo he entregado a Jesús. No importa lo que Dios haga, siempre seguiré amándole a él, pero de veras espero que ella me diga que sí. Todavía no me ha contestado, pero ¿quisiera orar usted? ¿Puedo confiar en que orará por mí?»

Se me partió el corazón por aquel hombre solitario, cuya vida estaba en juego, y clamé a Dios por él y por Gladys.

Aunque no estaba escrito en ningún lugar en aquella nota estrujada, de alguna manera leí otro mensaje que decía entre líneas: «Doctor Lea, ¿es usted un pez gordo que va de un lado a otro por estos pasillos, o de verdad le importan las personas?»

Incliné la cabeza y renové una promesa solemne que hacía mucho tiempo le había hecho a Dios. Le había prometido que amaría a las personas, que sería un sacerdote con un corazón compasivo.

Verás, un sacerdote en los tiempos del Antiguo Testamento podía haber tenido puestas las vestiduras sagradas y haberse consagrado, pero no estaba totalmente preparado para presentarse delante del Dios Santo, para interceder en favor de los pecadores, si no tenía un corazón compasivo que llorara con los afligidos y se regocijara con los alegres. Un sacerdote intercesor tiene que ser compasivo.

Nosotros no somos diferentes. Nunca podremos interceder eficazmente hasta que seamos bautizados en compasión. Podemos aprender todas las fórmulas de oración y practicar hasta que logremos la entonación correcta en nuestras voces; podemos memorizar todo lo que se enseñe acerca de la oración, pero nunca seremos sacerdotes eficaces hasta que tengamos corazones compasivos.

El ejemplo de compasión

Jesús fue un ejemplo de compasión. Cuando Mateo y Marcos escribieron sus evangelios, escogieron frecuentemente la palabra griega *splagcnízomai*, que significa «ser movido uno en sus emociones interiores, estar inclinado a la compasión», para describir la reacción de Cristo hacia las multitudes y hacia los que padecían algún sufrimiento.

A medida que Jesús fue a través de las ciudades y las aldeas, sanando toda clase de enfermedades y dolencias, predicando a las multitudes «*tuvo compasión de ellas;* porque estaban desamparadas y dispersas como ovejas que no tienen pastor» (Mateo 9:36, cursivas añadidas).

En el capítulo 14 de Mateo se relata la historia de la muerte de Juan el Bautista. Después de escuchar las noticias, angustiado, Jesús se apartó a un lugar solitario. Y cuando las multitudes desesperadas le siguieron, no se molestó. Se nos dice que «*tuvo compasión de ellas*, y sanó a los que estaban enfermos» (Mateo 14:14).

Hubo una progresión en las acciones de Jesús. Primero, vio a las grandes multitudes. Enseguida tuvo compasión de ellas y luego sanó a los que estaban enfermos. Cuando Jesús miró a las personas necesitadas, su corazón compasivo rebosó con el deseo de sanarlas.

La compasión es ese algo que te conmueve por dentro y que dice: «Tengo que hacer algo acerca de esto. No puedo cruzarme de brazos. Tengo que buscar el rostro de Dios en favor de estas personas».

El ministerio misericordioso de Cristo fue simplemente

La compasión es ese algo que te conmueve por dentro y que dice: «Tengo que hacer algo acerca de esto. Tengo que buscar el rostro de Dios en favor de estas personas».

resultado de un corazón compasivo que estuvo en constante comunicación con Dios, cuyo amor encontró la forma de alcanzar, redimir y sanar a un mundo enfermo de pecado. Durante años, he notado que algunas personas oran por obligación, y hay otras que oran con la esperanza de ser recompensadas. Pero, con mucha frecuencia, el corazón compasivo de Jesús lo guió a levantarse horas antes que saliera el sol para buscar el rostro de su Padre.

A veces nos imaginamos a Jesús con una ira santa relampagueándole en los ojos. Tiene un azote de cuerdas en la mano y está echando fuera del templo a las ovejas, a las palomas y a los codiciosos cambistas. Se nos olvida que sólo unos minutos antes de esa demostración de juicio severo, Jesús rompió a llorar, lleno de compasión, cuando se acercaba a la ciudad de Jerusalén (Lucas 19:41).

El dolor que Jesús sintió le hizo derramar más de una o dos lágrimas. Lucas escogió la palabra *klaio* para describir el llanto de Cristo, que es una palabra que se usa para referirse a una ruidosa expresión de dolor, especialmente cuando una persona se lamenta por la muerte de alguien. Significa «estallar, prorrumpir en sollozos». La misma palabra fue usada para describir la forma en que Pedro lloró y se lamentó después de negar a Jesús (Lucas 22:62).

Jesús expresó su dolor por la ciudad en lamentos y sollozos audibles. El sabía que el tiempo de la misericordia bondadosa de Dios hacia Jerusalén estaba por llegar a su fin; la destrucción de la ciudad, que había sido profetizada, se acercaba rápidamente.

Esa no fue la única vez que Jesús lloró en público. Juan escogió la palabra *dakrúo,* que significa «derramar lágrimas», para describir el dolor visible de Cristo cuando vio a María y a sus amigos llorando por la muerte de Lázaro, el hermano de ella (Juan 11:35). Cuando los judíos que observaban a Jesús vieron sus lágrimas dijeron: «Miren que amor tan tierno le tenía» (Juan 11:36, Traducción Amplificada).

¿De dónde salió la idea de que los «verdaderos» hombres, los hombres que de verdad son varoniles, no lloran? El hombre, según lo conocemos, sólo es una sombra pervertida y deformada del Dios de amor, a cuya imagen fue creado. Si queremos ver cómo es Dios, si queremos ver a los hombres y a las mujeres cómo fue la intención de Dios que fueran, debemos mirar a Jesús, quien es «la imagen del Dios invisible», es decir, la representación visible del Dios invisible (Colosenses 1:15).

Jesús derramó lágrimas, lloró. ¿Por qué? Porque su corazón se llenó de compasión, y la compasión tiene que hacer algo para aliviar los problemas o los dolores de una persona. La compasión debe clamar a Dios en favor de otros.

En los círculos donde ejerces influencia, al igual que en los que yo ejerzo influencia, abunda el sufrimiento. No es suficiente que sintamos lástima. Si tú y yo vamos a hacer un mundo de diferencia, necesitamos tener un corazón que palpite lleno de una compasión igual a la de Cristo, y esa compasión debe movernos a interceder ante Dios por los que sufren.

La compasión toma el tiempo necesario para involucrarse y para trabajar con ahínco. La compasión conoce el dolor, soporta las penas, sufre las agonías y se conmueve por los sentimientos y las dolencias de otros. La compasión se interesa lo suficiente como para pasar horas preciosas intercediendo delante de Dios por los que sufren, por los necesitados e, inclusive, por los rebeldes.

CINCO

LA INTERCESIÓN EN EL ALTAR DEL INCIENSO

La intercesión era parte integral del ministerio de los sacerdotes del Antiguo Testamento. Por la mañana y por la tarde un sacerdote tenía que estar de pie en el lugar santo, delante del altar del incienso, presentando las necesidades del pueblo y teniendo comunión con Dios.

En el atrio, afuera del tabernáculo, estaba el altar de bronce para la ofrenda quemada, un lugar de sacrificio y sufrimiento, un lugar para los pecadores. Ese altar era un testigo solemne de que sin derramamiento de sangre no había acceso a Dios ni perdón de pecados.

Pero dentro del tabernáculo, en el lugar santo, directamente en el centro, delante del velo que cubría el imponente lugar santísimo, había otro altar, el altar del incienso (Exodo 30:6; 40:5). El pequeño altar de oro estaba colocado delante del mismo lugar por el que tenía que acercarse el sumo sacerdote al propiciatorio, donde la presencia de Dios moraba detrás del velo. Solamente los sacerdotes limpios y consagrados tenían acceso al altar del incienso; ningún pecador podía acercarse a él.

El sacerdote ofrecía sobre ese altar una clase especial de incienso siguiendo las instrucciones de Dios. Cada mañana, cuando alistaba las lámparas de oro, y otra vez en la tarde cuando se encendían las lámparas, un sacerdote vestido de limpísimo lino blanco se acercaba al altar de la ofrenda quemada y llenaba un tazón de oro con brasas de fuego del altar. El sacerdote llevaba las brasas de fuego y un incensario de oro lleno de fragante incienso, reverentemente entraba al lugar santo y colocaba las brasas encendidas sobre el altar. Entonces, ponía el incienso molido sobre el fuego. Muy pronto una nube de humo perfumado llenaba el lugar santo y el lugar santísimo.

Tanto en el Antiguo como en el Nuevo Testamento, el incienso es símbolo de las oraciones de los justos. El salmista clamó a Dios con estas palabras:

> Suba mi oración delante de ti como el incienso, el don de mis manos como la ofrenda de la tarde (Salmo 141:2).

Juan, el amado apóstol, declaró que el incienso repre-

La Palabra de Dios nos dice que nuestras oraciones deleitan al Señor al ascender como nubes de fragante incienso hasta su mismo trono.

senta las oraciones del pueblo de Dios, y describió su gloriosa visión del cielo de la siguiente manera:

> Otro ángel vino entonces y se paró ante el altar, con un incensario de oro; y se le dio mucho incienso para añadirlo a las oraciones de todos los santos, sobre el altar de oro que estaba delante del trono. Y de la mano del ángel subió a la presencia de Dios el humo del incienso con las oraciones de los santos (Apocalipsis 8:3, 4).

La Palabra de Dios nos dice que nuestras oraciones deleitan al Señor al ascender como nubes de fragante incienso hasta su mismo trono. No debemos permitir que sentimientos de indignidad o de apatía nos impidan ir ante Dios cada día, para ofrecerle una ofrenda con el grato aroma de nuestras oraciones.

Los dos altares de los sacerdotes del Nuevo Testamento

Como creyente, tu cuerpo es el templo, el santuario del Espíritu Santo que vive en ti (1 Corintios 6:19). Dentro del santuario de tu espíritu hay dos altares, y cada uno tiene un propósito distinto.

En primer lugar se encuentra el altar del holocausto, el altar sobre el cual nos presentamos a nosotros mismos y presentamos nuestro servicio a Dios. Nuestros sacrificios son necesarios y agradables a Dios, pero no son lo único que él quiere de nosotros. El servicio y el sacrificio no son sustitutos de la oración. Todos los esfuerzos y sacrificios que hagamos por Dios no pueden tomar el lugar de nuestra comunión con él en el altar del incienso. El desea nuestro compañerismo, nuestras oraciones y nuestras alabanzas de olor grato. Si vamos a ser creyentes cabales y gozosos, y vamos a mantener el equilibrio adecuado entre la obligación y la devoción, tenemos que tomar tiempo cada día para ministrar delante del Señor en los dos altares.

El altar del incienso simboliza nuestra oración y nuestra comunión con Dios. Allí vemos representada la intercesión de Cristo a nuestro favor, y también nuestras oraciones e intercesiones hechas en su nombre.

Jesucristo, nuestro Salvador y ejemplo fue, y aún es, un intercesor. A través de todo su ministerio terrenal, Jesús fue de un lugar de oración a otro lugar de oración; y entre uno y otro, realizó milagros.

Pasó toda la noche en intercesión antes de escoger a sus discípulos. Oró en su bautismo. Se apartó de las multitudes para orar. A menudo se levantó mucho antes que saliera el sol, y buscó el rostro de su Padre celestial. Oró, y abrió los ojos a los ciegos. Oró, y luego caminó sobre las aguas. Oró, y multiplicó cinco panes y dos peces para alimentar a cinco mil personas hambrientas. Oró, y después sanó a los acongojados y libertó a los cautivos de Satanás. Jesús oró en el huerto de Getsemaní y también oró en la cruz. Incluso ahora, en el cielo, está intercediendo por nosotros (Hebreos 7:25).

Jesús está en la presencia de Dios hablando a nuestro favor. Allí, a la mano derecha del Padre, Jesús hace peticiones a Dios, intercediendo e interviniendo por la humanidad. Yo estoy en su lista de oración y tú también estás en ella.

Si vamos a ser creyentes cabales y gozosos, y vamos a mantener el equilibrio adecuado entre la obligación y la devoción, tenemos que tomar tiempo cada día para ministrar delante del Señor en los dos altares.

Y, como si eso fuera poco, también Jesús nos ha dado el Espíritu Santo para que nos ayude y fortalezca en nuestra debilidad. Cuando no sabemos orar como es conveniente, el Espíritu Santo intercede por nosotros con gemidos indecibles, orando en perfecta armonía con la voluntad de Dios (Romanos 8:26, 27).

Al entender la bondadosa provisión de Dios, el escritor de la Epístola a los Hebreos hizo esta alegre invitación: «Acerquémonos, pues, confiadamente al trono de la gracia, para alcanzar misericordia y hallar gracia para el oportuno socorro» (Hebreos 4:16).

Jesucristo, nuestro gran Sumo Sacerdote, nos ha invitado a participar con él en el ministerio de la intercesión. Nos ha enseñado que tenemos «la necesidad de orar siempre, y no desmayar» (Lucas 18:1). El dijo: «Pedid, y se os dará; buscad, y hallaréis; llamad, y se os abrirá» (Mateo 7:7). Declaró que algunas cosas sólo pueden ocurrir como resultado de la oración y el ayuno (Marcos 9:29). Jesús prometió que «si dos de vosotros se pusieren de acuerdo en la tierra acerca de cualquiera cosa que pidieren, les será hecho» (Mateo 18:19), y que todo lo que pidamos en oración, creyendo, lo recibiremos (Mateo 21:22).

Vosotros, pues, oraréis así

Pero Jesús no sólo nos ordenó que ofrezcamos el incienso de la oración, sino que también nos enseñó cómo debemos orar. Los sacerdotes del Antiguo Testamento sólo ofrecieron el incienso especificado por Dios; ningún otro era adecuado. Nuestras oraciones también deben ser hechas de acuerdo con sus especificaciones. Cuando los discípulos le pidieron a Jesús que les enseñara a orar, él les dijo:

> Vosotros, pues, oraréis así:
> Padre nuestro que estás en los cielos,
> santificado sea tu nombre.
> Venga tu reino. Hágase tu voluntad,
> como en el cielo, así también en la tierra.
> El pan nuestro de cada día, dánoslo hoy.
> Y perdónanos nuestras deudas,
> como también nosotros perdonamos
> a nuestros deudores.
> Y no nos metas en tentación,
> mas líbranos del mal;
> porque tuyo es el reino, y el poder,
> y la gloria, por todos los siglos. Amén
> (Mateo 6:9-13).

Hace algunos años, sobrecogido por la desesperación, le pedí a Dios que me enseñara a orar. Tenía un deseo muy grande de conocer a Dios y de tener comunión con él, pero sentía como si me estuviera secando y pereciendo espiritualmente debido a que no sabía orar. Un día, mientras estaba clamando a Dios otra vez, suplicándole que me enseñara a orar, él me guió a la conocida oración en el capítulo 6 de Mateo, que hemos llegado a conocer como el Padrenuestro.

«Pero, Señor», respondí protestando, «puedo decir esa oración en treinta segundos, y puedo cantarla en un minuto y medio».

El Señor me respondió: «Repite la oración l-e-n-t-a-m-e-n-t-e.

Así que le obedecí: «Padre... nuestro... que... estás... en... los... cielos», fui diciéndola muy lentamente, haciendo pausas al final de cada palabra, «santificado... se... tu... nombre».

En ese momento el Señor me mostró una visión maravillosa. Vi a Jesús sosteniendo un tazón grande en sus manos. Miré, lleno de respeto y temor, y le vi caminar hasta un altar y derramar sobre él el contenido del tazón: su propia sangre. Mientras hacía eso, la masa viva y arremolinada de la preciosa sangre de Cristo sobre el altar comenzó a testificar, explicando lo que Jesús había provisto para mí por medio del nuevo pacto.

Por la sangre de Jesús, tus pecados son perdonados y puedes acercarte a la presencia de Dios. Tú eres la justicia de Dios en Cristo porque él es *Jehová-tsidqenu,* Jehová mi justicia. El pecado no tendrá dominio sobre ti, porque él es *Jehová-m'kaddesh,* Jehová que santifica.

«Tú puedes experimentar su presencia que mora en ti y la plenitud del Espíritu Santo. El está contigo y en ti, porque él es *Jehová-sama,* Jehová está allí. Tu corazón y tu mente pueden ser llenos de la paz de Dios, porque él es *Jehová-salom,* Jehová es paz.

«Tú puedes vivir con buena salud física, mental y emocional», continuó testificando la sangre de Cristo, «porque por sus llagas fuiste curado. El es *Jehová-rophe,* Jehová mi sanador.

«Tú puedes experimentar el éxito, porque Cristo te ha redimido de la maldición de la ley. El ve tus necesidades de antemano y hace provisión para cada una de ellas porque el es *Jehová-jireh,* Jehová proveerá.

Podemos entrar en la presencia de Dios en oración meditando en quién es él para nosotros, y dándole gracias por todo lo que la sangre de Jesús ha comprado para nosotros.

«Tú no debes temer a la muerte ni al infierno, ni a ningún ataque del enemigo, porque él es *Jehová-nisi*, Jehová mi estandarte, y *Jehová-rohi*, Jehová mi pastor».

A esta altura, me encontraba absorto en la presencia de Dios, dándole gracias por la sangre de Cristo. Estaba glorificando a Dios y alabando sus hermosos nombres, cuando el Espíritu de Dios me recordó que esta sólo era la *primera fase de la oración. Solamente había comenzado a orar, y allí me encontraba, absorto en la presencia de Dios.*

Fue así como aprendí que podemos entrar en la presencia de Dios en oración meditando en quién es él para nosotros, y dándole gracias por todo lo que la sangre de Jesús ha comprado para nosotros. Cada día cuando oro, he aprendido a ir delante de Dios simplemente como Jesús nos enseñó a hacerlo. Dedico un tiempo a bendecir su santo nombre y a gozarme de su presencia gloriosa, porque si hay algo que necesito, es a Jesús.

Ese día, en el año 1978, según continuaron la serie de visiones, el Señor me mostró que el Padrenuestro es realmente un bosquejo de oración en el que Jesús presenta seis temas como un patrón para seguir y para ampliar bajo la dirección del Espíritu Santo. Estos seis temas abarcan cada aspecto de las necesidades por las que debemos orar.

«Vosotros, pues, oraréis así», enseñó Jesús. Si hoy Jesús se te apareciera de pronto, te mirara a los ojos y te dijera: «Cuando ores, hazlo como yo te digo. Esta es la manera de acercarte al Padre y de traer tus necesidades delante de él», ¿no tratarías, por lo menos, de hacerlo? Entonces, ¿por qué

Jesús, nuestro Hermano mayor, nos ha enseñado el protocolo de la oración sacerdotal, lo que debemos decir y cómo debemos orar, cuando nos acercamos a nuestro Padre celestial.

---

insistir en tratar de orar de alguna otra manera, en vez de aprender a hacerlo como él nos enseñó?

Los sacerdotes de Dios no deben ofrecerle incienso extraño al Señor, sino aprender a orar en obediencia a su mandato.

El protocolo del sacerdocio

En septiembre de 1986 me invitaron, junto a otras seis personas, a una reunión y un almuerzo con un senador de mi país. Lo primero que noté fue el protocolo, es decir, las reglas de etiqueta y los procedimientos específicos. El senador y sus asistentes tenían su propia terminología, y utilizaban un lenguaje político al cual yo no estaba acostumbrado.

Por lo general, me siento bastante cómodo cuando conozco a alguien, pero en esa ocasión me aseguré de hacer todo de la manera debida. Lo primero que hice fue no ponerme mis viejos pantalones de dril. No le di una palmada en la espalda al senador, ni lo llamé por su nombre de pila. No me puse a masticar chicle. Nunca me sentí tentado a recostarme en mi asiento y a poner los pies encima de su escritorio. Dije: «Sí, señor senador», y «No, señor senador». Cuando él me pidió que hiciera algunas cosas, le contesté: «Sí, señor».

También los sacerdotes del Nuevo Testamento tienen un

protocolo que deben seguir. Nos vestimos apropiadamente con nuestras vestiduras sobrenaturales y sacerdotales. Vamos a Dios de una sola manera, y es por medio de la sangre de Jesús. Entramos a la presencia de Dios con acciones de gracias y alabamos su nombre. Utilizamos las palabras correctas cuando nos inclinamos delante de él. En todo momento hacemos lo que él nos ha dicho que hagamos. Esto es lo que quiero decir con el protocolo del sacerdocio.

Jesús, nuestro Hermano mayor, nos ha enseñado el protocolo de la oración sacerdotal, lo que debemos decir y cómo debemos orar, cuando nos acercamos a nuestro Padre celestial. El también nos ha provisto de un lenguaje de embajador del reino, un lenguaje del Espíritu para orar, que podemos utilizar cuando nuestro lenguaje natural es insuficiente para expresar lo que hay en nuestro corazón, o cuando no sabemos orar como debiéramos.

En mi libro *¿Ni tan sólo una hora?* les enseño a los lectores a orar utilizando el Padrenuestro como modelo. Pero, por si acaso no has tenido la oportunidad de estudiar detalladamente el Padrenuestro conmigo, voy a darte una breve explicación que te ayudará a aprender a orar de acuerdo con la oración modelo que Jesús nos dio.

Sus promesas

Padre nuestro que estás en los cielos, santificado sea tu nombre.

Como sacerdote que ora, comienza tu ministerio diario con alabanza, santificando y exaltando el nombre de nuestro Padre. En primer lugar, dale gracias a Dios por haber enviado a su Hijo para redimirnos, porque si no hubiera sido por Jesús, no podrías llamar «Padre» a Dios (Gálatas 4:4-6).

A continuación santifica el nombre de Dios declarando quién es nuestro Padre, y lo que él ya ha hecho en Jesucristo. Alaba a Dios por las promesas que él ha hecho a su

Para recibir la provisión de Dios, primero tienes que estar en la voluntad de Dios

pueblo bajo el nuevo pacto, promesas que se han cumplido en la persona y en la obra de Cristo. Por medio de la alabanza entras a la misma presencia de Dios, abriendo el camino para traer tus peticiones delante de él.

Sus prioridades

Venga tu reino. Hágase tu voluntad.

El reino de Dios se establece en ti cuando obedeces al Señor y aceptas su voluntad y su autoridad en tu vida. Según continúas orando, declara que el reino de Dios, reino de justicia, gozo y paz (Romanos 14:17) vendrá, y que su voluntad y sus prioridades serán establecidas en estas cuatro esferas: (1) en ti, (2) en tus seres queridos, (3) en tu iglesia, y (4) en tu país. Ora, específicamente, por cada una de estas esferas, una por una. El reino de Dios debe estar primero en tu corazón, si es que vas a ser sacerdote de Dios.

Su provisión

El pan nuestro de cada día, dánoslo hoy.

Después que te has entregado a la voluntad de Dios, y has hecho de su reino tu prioridad, pídele que provea para tus necesidades físicas y materiales. Para recibir la provisión de Dios, primero tienes que *estar en la voluntad de Dios* (ver Hebreos 10:22, 25; 1 Juan 1:7; Hebreos 13:7, 17; 1 Tesalonicenses 4:11, 12; 2 Tesalonicenses 3:10-12; Malaquías 3:10).

En segundo lugar, debes reclamar para ti las promesas de Dios, y *creer que la voluntad de Dios es prosperarte,* porque esto te dará confianza para ir diariamente delante de

Dios con tus necesidades (ver Mateo 6:33; Santiago 1:6, 7; Lucas 6:38; Marcos 10:29, 30; Filipenses 4:19).

En tercer lugar, debes *ser específico* (ver Filipenses 4:6; Mateo 6:11). No ores de una manera general; haz peticiones concretas.

En cuarto lugar, *sé tenaz* (ver Daniel 10:12-14; Mateo 7:7; Lucas 18:1; Hebreos 11:6). Continúa orando hasta que tu oración sea contestada. Niégate a permitir que el desaliento o la falta de fe te roben las respuestas a tus oraciones.

Nuestros semejantes

Perdónanos nuestras deudas, como también nosotros perdonamos a nuestros deudores.

Si quieres llevarte bien con las personas, tienes que pedirle a Dios que perdone tus actitudes incorrectas y tus relaciones que no están «en la luz». Debes perdonar a otros y dejarles libres de toda culpa, si quieres que Dios te perdone a ti y quite tu pecado, tu culpabilidad y todos los recuerdos que te atormentan.

Al orar cada día, decide cómo vas a tratar a las personas. Recuerda que eres un sacerdote con el propósito de ministrar el amor de Dios y su misericordia a otros. Decide firmemente que vas a amar a las personas, incluso si te odian, y que no vas a permitir que nada ni nadie te robe la paz y el gozo que Dios te ha dado.

Su poder

Y no nos metas en tentación, mas líbranos del mal.

Al comenzar cada día, como sacerdote intercesor, debes orar pidiéndole a Dios que te cubra con su protección, y que también cubra a tus seres queridos y a tus posesiones. El Salmo 91 nos da tres razones por las cuales puedes apropiarte de la protección de Dios: (1) Porque has puesto a Jehová por tu habitación, o lugar de morada (v. 9); (2) porque has puesto tu amor en él (v. 14); y (3) porque has

---

Recuerda que eres un sacerdote con el propósito de ministrar el amor de Dios y su misericordia a otros.

---

conocido su nombre (v. 14). Asegúrate de hacer estas tres cosas cada día, para que puedas experimentar la protección de Dios.

Como tu defensa contra las asechanzas del diablo, vístete de toda la armadura de Dios, pieza por pieza, según se nos indica en Efesios 6:14-17, creyendo y declarando que Jesús es tu armadura de luz (Romanos 13:12, 14). Estas son las vestiduras espirituales de tu sacerdocio.

Cuando estás vestido de toda la armadura de Dios y cubierto con su protección, puedes mantenerte firme y seguro en la victoria que Jesús ha ganado por ti. Puedes pelear la buena batalla de la fe y derrotar a los poderes de las tinieblas.

Nuestra alabanza

Porque tuyo es el reino, y el poder, y la gloria, por todos los siglos. Amén.

El Padrenuestro comienza y termina con alabanza. Al llegar a este último tema de la oración, alaba a Dios porque él te ha invitado a participar de su reino (2 Timoteo 4:18; Lucas 12:32), su poder (Salmo 68:35; Lucas 10:19) y su gloria (2 Corintios 3:18; Hebreos 2:9, 10). Los sacerdotes de Dios nunca deben entrar a la presencia de Dios, o salir de ella, sin humildemente inclinarse delante de él, y ofrecerle un sacrificio de alabanza que será de olor grato para él.

Deseo, disciplina y deleite

Según comiences a orar como Jesús les enseñó a sus discípulos a hacerlo, te sorprenderás de la manera notable en que aumentará la efectividad de tu ministerio de oración, así como de la profundidad que adquirirá tu relación con el Señor.

También te darás cuenta de que la disciplina no proviene de afuera hacia adentro, sino de adentro hacia afuera. A medida que el Espíritu de Dios te enseñe a orar, y ponga dentro de ti el deseo de orar, ese deseo y la revelación obrarán externamente produciendo disciplina. Entonces, la disciplina te conducirá a experimentar un deleite santo. La oración se convertirá en el deleite de tu vida.

El servicio más santo

El servicio más honorable y deseado por los sacerdotes del Antiguo Testamento en su ministerio diario era quemar el incienso en el altar de oro dentro del lugar santo. Realmente echaban suertes para tener ese privilegio. Así debería ser para los sacerdotes del Nuevo Testamento, según aprendemos a realizar la agradable y santa labor de orar.

Mientras más tiempo paso en la presencia de Dios, más me doy cuenta de que la oración es el más grande de nuestros ministerios. La oración es la labor más santa de todas.

Todas las mañanas cuando me levanto, mi corazón está anhelando entrar en la presencia de Dios. Los fuegos sagrados están esperando mi sacrificio. Las lámparas de oro parpadean y echan humo, listas para ser preparadas y llenadas de nuevo con el aceite del Espíritu. Dios me espera, deseando tener comunión conmigo, anticipando ansiosamente el grato incienso de la oración.

Mi alma se apresura para encontrarse con él. Muy pronto el santuario interno de mi corazón se llena con el perfume de la alabanza. Según intercedo, los peligros son quitados del camino, y las trampas de Satanás son destruidas; los corazones se abren a la verdad, y las cargas son removidas. Cuando intercedo, los ministerios son bendecidos, los cuerpos son sanados y fortalecidos, y las necesidades son suplidas.

El fuego arde, y el incienso se eleva. Continúo orando, porque sé que si dejo de hacerlo algunas personas que necesitan urgentemente mi intercesión podrían rendirse a Satanás. Algunos puntos estratégicos podrían ceder y perderse para la causa de Cristo y para el reino de Dios eternamente. Así que persevero, seguro de que «la oración eficaz del justo puede mucho» (Santiago 5:16).

Me levanto de mis rodillas, pero la presencia de Dios me acompaña. Durante todo el día le ofrezco mis pensamientos, palabras y obras como un sacrificio a él. Escucho sus palabras de consejo y recibo sus palabras de corrección. Saco fuerzas de él porque habito al abrigo del Altísimo. Me visto con ropa de alabanza que está impregnada del fragante aroma del incienso. Y no importa adónde me lleven las tareas del día, todo el tiempo estoy consciente de que la presencia de Dios hace que cualquier lugar sea tierra santa.

Nunca olvides que el servicio y el sacrificio jamás deben anteponerse a la oración. Un reluciente altar de oro está esperándote en el santuario de tu alma. Por favor, no lo descuides.

SEIS

EL PROBLEMA DEL PECADO

Dios ordenó claramente: «[Los sacerdotes]... enseñarán a mi pueblo a hacer diferencia entre lo santo y lo profano, y les enseñarán discernir entre lo limpio y lo no limpio» (Ezequiel 44:23). Tú y yo vivimos en una época en que la raza humana ha perdido el sentido de la santidad de Dios y de la gravedad del pecado. Para que la iglesia se convierta en lo que Cristo la ha llamado a ser, debe reconocer que Dios demanda santidad, y apreciar su abundante provisión para obtenerla.

Afronta el pecado

Los sacerdotes del Nuevo Testamento debemos afrontar el pecado diariamente, primero en nosotros mismos y luego en nuestra nación. Tenemos que hacerle frente a nuestro *propio* pecado si queremos que nuestras oraciones produzcan algún efecto y sean escuchadas en el cielo, porque «la oración eficaz del *justo*» es la que «puede mucho» (Santiago 5:16). La Palabra de Dios nos advierte claramente que si nuestro corazón mira a la iniquidad, el Señor no nos escuchará (Salmo 66:18).

Los sacerdotes del Nuevo Testamento debemos enfrentarnos al pecado de *otros* haciendo intercesión por los rebeldes y restaurando a los caídos. Tenemos que advertir seriamente a los malos, amonestándolos para que se aparten del pecado, porque si no lo hacemos así, su sangre será demandada de nuestra mano (Ezequiel 3:18-21).

Debemos enfrentarnos a los pecados de nuestra *nación,* porque su misma vida y existencia están en peligro, a no ser que se arrepienta, reciba el perdón y se reconcilie con Dios, quien es santo y está ofendido.

Como sacerdotes del Nuevo Testamento debemos aprender una lección que se les recordaba continuamente a los sacerdotes del Antiguo Testamento: ¡El pecado es grave!

En el Antiguo Testamento nadie podía presentarse ante Dios para adorarlo sin traer un animal para ser sacrificado, porque el sacrificio abría el camino a la presencia de Dios. Debido a ese acto central de adoración, el altar de la ofrenda quemada, lugar de muerte sangrienta, ocupaba un lugar destacado en el tabernáculo. Era el primer objeto que

Todos los rituales de los sacrificios, e incluso la disposición del mismo tabernáculo, fueron diseñados para revelar la distancia entre la humanidad pecadora y un Dios santo.

el pueblo judío y sus sacerdotes veían cuando entraban en el atrio que rodeaba el tabernáculo.

A medida que estudiemos los sacrificios del Antiguo Testamento veremos que todos los rituales de los sacrificios, e incluso la disposición del mismo tabernáculo, fueron diseñados para revelar la distancia entre la humanidad pecadora y un Dios santo.

El tabernáculo

El tabernáculo estaba dividido en dos partes de diferente tamaño. La parte más grande, que era la exterior llamada el lugar santo, estaba separada del atrio exterior por una cortina azul, púrpura y carmesí, y la gente común no podía pasar al otro lado de esa cortina.

La parte de más adentro del tabernáculo del Antiguo Testamento era el lugar santísimo, y estaba separada de la parte exterior (el lugar santo), por una hermosa cortina bordada artísticamente llamada el velo. Detrás de ese velo, en el lugar santísimo se encontraba el arca del testimonio, que era una caja de madera de acacia, cubierta de oro, que medía un metro y diez centímetros de largo, sesenta y cinco centímetros de ancho, y sesenta y cinco centímetros de alto. El propiciatorio cubría el arca, y rodeando el propiciatorio estaba la *shechinah*, la nube visible y luminosa en la que se manifestaba la presencia de Dios.

Sólo el sumo sacerdote podía entrar detrás del velo. Los otros sacerdotes, es decir los mediadores y representantes del pueblo, permanecían de pie afuera, del otro lado del velo. El acceso a la presencia gloriosa de Dios estaba limitado a un solo hombre. Incluso el sumo sacerdote solamente podía acercarse al propiciatorio y a la imponente nube de la gloria de Dios una vez al año, en el día de la expiación. Y ese día se exponía a una muerte segura si se atrevía a entrar en la presencia de Dios y acercarse al propiciatorio sin el fragante incienso o la sangre expiatoria del sacrificio que cubría el pecado.

Afuera del tabernáculo, dentro del atrio abierto, el pueblo adoraba y presentaba ofrendas de sacrificio. Cerca del centro del atrio había un gran altar, que medía dos metros y veinticinco centímetros por cada lado, y un metro y cincuenta centímetros de alto, el cual siempre estaba abierto y a disposición de cualquier israelita culpable. El humo de un fuego encendido milagrosamente, que los sacerdotes mantenían ardiendo día y noche sobre el altar de bronce, se mezclaba en el aire del atrio con los olores de la sangre derramada y de la carne que estaba quemándose.

El altar del holocausto era un continuo recordatorio de que el pecado es costoso y el perdón no es barato. Ningún judío o sacerdote del Antiguo Testamento podía ser indiferente al pecado o pretender que este no tenía importancia, porque la sangre de miles de animales sacrificados, que teñía el altar, servía como un recordatorio gráfico de la gravedad del pecado, de la necesidad extrema del hombre y de la provisión abundante de Dios.

Los sacrificios

En el sistema de sacrificios que Dios dio por medio de Moisés se requerían cinco sacrificios diferentes: La ofrenda por el pecado, la ofrenda por la transgresión, la ofrenda quemada, la ofrenda de harina y la ofrenda de paz. Cuando se miran todos juntos, estos cinco sacrificios revelan el

La sangre de miles de animales sacrificados, servía como un recordatorio gráfico de la gravedad del pecado, de la necesidad extrema del hombre y de la provisión abundante de Dios.

significado y las bendiciones que habrían de recibir los creyentes del Nuevo Testamento por medio del sacrificio único y completo de Cristo en la cruz. Ningún otro tipo de sacrificio fue capaz de representar plenamente la obra perfecta y final de Cristo en el Calvario.

En este capítulo vamos a estudiar dos de estos cinco sacrificios: La ofrenda por el pecado y la ofrenda por la transgresión. En el próximo capítulo hablaremos de los otros tres sacrificios.

La ofrenda por el pecado

El más importante de todos los sacrificios era la ofrenda obligatoria por el pecado, y era necesario porque Dios juzga tanto lo que *somos* como lo que *hacemos*. El ve tanto la *raíz* de nuestro pecado que es nuestra naturaleza malvada, como el *fruto* de nuestro pecado que son nuestras acciones. La ofrenda por el pecado hacía expiación por la persona pecadora en vez de por su pecado, y simbolizaba la redención general y no sólo el rescate por un pecado específico, aunque el perdón para dicho pecado estaba incluido.

La ofrenda por el pecado hacía expiación por un infractor cuyos pecados eran resultado de la debilidad humana, la falta de conocimiento, la desconsideración, el apresuramiento o el descuido (Levítico 5:1, 4, 15; Números 35:11, 15, 22). Se requería esta ofrenda cuando el daño hecho por el pecado de una persona no podía ser medido o reparado.

Esa clase de pecado ofendía a Dios, pero también causaba una profunda intranquilidad dentro del individuo. Este sentimiento de culpabilidad y de intranquilidad presentaba obstáculos a la adoración, a la comunión con Dios y al testimonio ante los semejantes. Es preciso que el corazón humano esté en paz delante de Dios antes de poder adorarlo en espíritu y en verdad, o de rebosar de amor y de interés por el bienestar de otros. Un corazón lleno de temor y culpabilidad no puede ser un corazón que adore a Dios o testifique de él.

Aunque la ofrenda por el pecado hacía expiación por la persona que había pecado sin premeditación, no hacía expiación por la rebelión soberbia y desafiante contra Dios y sus mandamientos. La persona que cometía esos pecados arrogantes, despreciando y rechazando voluntariamente la Palabra de Dios, sería eliminada de entre el pueblo de Dios; la expiación hecha por el pueblo no incluiría a esa persona (Números 15:30, 31).

A pesar de que el judío no sabía nada acerca de una ofrenda por pecados de arrogancia, *existe* tal clase de ofrenda por el pecado para nosotros, porque nuestros pecados de arrogancia fueron puestos sobre Jesús. Nuestros pecados voluntarios y nuestros pecados contra la verdad revelada son perdonados por su sangre.

A veces se cree que la misericordia es un derecho en vez de un don inmerecido de la gracia de Dios. Frecuentemente se trata a la ignorancia como si fuera igual a estar libre de culpa, pero *ningún* pecado, inclusive el de ignorancia, puede ser expiado sin derramamiento de sangre.

Nosotros, que estamos tan inclinados a tolerar y a pasar por alto nuestros pecados, debiéramos formularnos esta pregunta: Si un pecado de ignorancia me presenta como culpable delante de Dios, ¿cómo me presentará un pecado premeditado y voluntario? Sólo entonces podemos comenzar a comprender la terrible necesidad que tenemos de

La ofrenda por el pecado hacía expiación por la persona pecadora en vez de por su pecado, y simbolizaba la redención general.

nuestro Salvador y de su cruz. ¡Qué ley tan severa y escrutadora la que rige a la humanidad! ¡Qué santo y qué puro es nuestro Dios!

Debido a la pureza y la santidad de Dios, y debido a la necesidad de la humanidad de perdón y libertad de la culpabilidad, la manera de Dios de liberar a los pecadores no podía ser negando su pecado y no tomándolo en cuenta, sino proveyendo y aceptando una expiación por el mismo. La ofrenda por el pecado representaba la necesidad extrema de la humanidad, para la cual un Dios misericordioso y bondadoso había hecho una provisión maravillosa.

Un cuadro de la gravedad del pecado

La ofrenda por el pecado servía como una descripción vívida de la gravedad del pecado y sus consecuencias. Para restaurar la comunión con Dios después que había sido interrumpida por el pecado, el que ofrendaba traía el animal para su sacrificio al sacerdote. Con el fin de demostrar que ese animal iba a ser un sustituto personal del infractor, el que lo sacrificaba ponía sus manos sobre la cabeza del animal con toda la fuerza del peso del infractor, como si pusiera todo el peso del pecado sobre el sustituto, y así transmitiera al sacrificio la culpabilidad personal.

Mientras el que ofrecía el sacrificio ponía sus manos sobre la cabeza del animal, el infractor confesaba el pecado específico y repetía una oración de arrepentimiento, pidiéndole a Dios que permitiera que ese sacrificio sirviera como expiación o cobertura del pecado. Entonces, tomando responsabilidad total por la muerte de la víctima, el que ofrecía el sacrificio mataba al animal. Si el pecador era un jefe o alguien común, el sacerdote derramaba la sangre en el altar de bronce y quemaba toda la grasa como un sacrificio.

Cuando se había realizado la ofrenda, el sacerdote tomaba una porción de la carne y la comía en el atrio del tabernáculo. Este acto simbolizaba que el pecado de la persona había entrado en el sacerdote, y al comer aquella carne se había convertido en un tipo de Cristo, a quien «por nosotros [Dios] lo hizo pecado» (2 Corintios 5:21).

Sin embargo, la manera de presentar la ofrenda era diferente cuando se trataba de la ofrenda por el pecado hecha en nombre de un sacerdote o de toda una congregación. En ese caso, un sacerdote llevaba un poco de la sangre del sacrificio al lugar santo del tabernáculo. Allí la rociaba fuera del velo, detrás del cual moraba el Señor, simbolizando de esa manera que nuestra comunión con Dios es por medio de sangre. Luego rociaba la sangre también sobre el altar en donde se estaba quemando el incienso, mostrando que el poder de la intercesión que prevalece se encuentra en la sangre; las oraciones de los pecadores habían sido escuchadas.

Entonces, el sacerdote salía del lugar santo e iba al atrio, en donde derramaba el resto de la sangre sobre el altar del holocausto, indicando la expiación. Quemaba toda la grasa del animal sobre el altar, pero lo que quedaba del becerro (la piel, la carne, los huesos), era llevado fuera del campamento y quemado (Levítico 4:11, 12). Como el animal se había convertido en la representación del pecado, tenía que ser destruido totalmente.

La responsabilidad de los sacerdotes

Puede ser que los creyentes del Nuevo Testamento se

La ofrenda por el pecado hacía expiación por la naturaleza pecaminosa del infractor, y la ofrenda por la transgresión hacía expiación por una transgresión específica.

sorprendan cuando leen cuidadosamente el capítulo 4 de Levítico. El tipo de animal que era presentado como ofrenda por el pecado dependía de la posición de la persona que lo presentaba.

Por ejemplo, a un jefe se le requería que presentara un macho cabrío. Un individuo que no ocupara ninguna posición de autoridad presentaba una cabra. Sin embargo, se requería la presentación de un becerro por los pecados personales de un sacerdote, y también se requería un becerro por los pecados de toda una congregación. Esto da a entender que Dios consideraba que el pecado de un líder espiritual era igual al pecado de toda una congregación. ¿Por qué?

Una vez más, vemos enfatizada la gravedad y la severidad del pecado. Un líder religioso, ungido y colocado en esa posición de autoridad para representar a Dios y para enseñar los caminos de Dios, podría guiar a pecar a toda una congregación, y a toda una nación, por medio de su ejemplo y de su manera de vivir.

Como dice un antiguo dicho: «El maestro que peca, enseña a pecar». Mientras más alta sea la posición de alguien, su importancia y la luz que haya recibido, mayor será el pecado; porque el líder es como el reloj de una ciudad por el cual los ciudadanos ponen sus relojes en hora. Es fácil comprender por qué una persona en un puesto de autoridad era y es responsable con Dios, y tiene que rendirle cuentas por su ejemplo e influencia.

La ofrenda por la transgresión

La ofrenda por el pecado y la ofrenda por la transgresión se parecían en que las dos eran obligatorias y eran hechas con el propósito de restaurar la comunión con el Señor. Pero mientras que la ofrenda por el pecado *(hatta'th)* estaba relacionada con la raíz de la condición pecaminosa de la persona, es decir, su *naturaleza malvada*, la ofrenda por la transgresión *('asham)* tenía que ver con el fruto de esa naturaleza malvada: *la acción malvada.* O, para explicarlo de otra manera, la ofrenda por el pecado hacía expiación por la *naturaleza pecaminosa* del infractor, y la ofrenda por la transgresión hacía expiación por *una transgresión específica.*

Cuando ciertos derechos de Dios o de los hombres eran violados, el mal que había sido cometido tenía que ser reparado, la ley quebrantada tenía que ser cumplida, y el pecado tenía que ser expiado por medio de una ofrenda por la transgresión. Dios enumeró varios pecados específicos por los cuales se requería una ofrenda por la transgresión.

En estos días, en los que la iglesia parece poner más énfasis en el perdón que en la obediencia, los creyentes deben comprender que Dios no cierra los ojos ante las cosas «pequeñas» que a veces nosotros tomamos tan a la ligera. Todos podemos beneficiarnos al estudiar cuidadosamente la lista de pecados por los cuales Dios requería una ofrenda por la transgresión:

- Callar la verdad (Levítico 5:1).
- Contaminarse el cuerpo (o el espíritu) al tocar algo inmundo (Levítico 5:2, 3).
- Quebrantar votos, promesas o pactos (Levítico 5:4).

En el caso de haber defraudado a una persona, primero se realizaba la restitución y después el sacrificio.

- Falta de honradez hacia Dios o algún hombre (Levítico 5:15, 16).
- Pecados cometidos por ignorancia de la Palabra de Dios o por no descubrir y obedecer su voluntad (Levítico 5:17).
- Irresponsabilidad con las posesiones de otra persona (Levítico 6:2).
- Injusticia cometida con un socio o en una relación con alguien (Levítico 6:2).
- Uso injustificado de fuerza o poder en relación con los derechos o las posesiones de otro (Levítico 6:2).
- Obtener algo por medio del engaño (Levítico 6:2).
- No devolver artículos perdidos (Levítico 6:2, 3).

¿No es esta una lista que nos hace reflexionar? ¿Con cuánta frecuencia no les hemos dado ninguna importancia a estos pecados y hemos presentado excusas cuando los hemos cometido?

El principio de la restitución

La diferencia más notable entre la ofrenda por el pecado y la ofrenda por la transgresión es esta: La ofrenda por la transgresión requería que se hiciera restitución a la persona que había sido perjudicada, y que se pagara al sacerdote una multa equivalente a una quinta parte del valor de la restitución. El sacrificio del animal (hecho de la misma manera que la ofrenda por el pecado) hacía expiación a *Dios*, mientras que la restitución hacía compensación a la *víctima.*

Además, cuando una persona había sido perjudicada, tenía que hacerse la restitución *antes* que la ofrenda por la transgresión fuera traída al sacerdote. El infractor tenía que rectificar el daño hecho a la persona perjudicada antes de buscar el perdón de Dios. En otras palabras, en el caso de haber defraudado a *Dios,* el orden apropiado era realizar primero el sacrificio y después la restitución; en el caso de haber defraudado a una *persona,* primero se realizaba la restitución y después el sacrificio.

El principio de la restitución no ha sido abolido. Jesús mismo apoyó esta verdad práctica:

> Por tanto, si traes tu ofrenda al altar, y allí te acuerdas de que tu hermano tiene algo contra ti, deja allí tu ofrenda delante del altar, y anda, reconcíliate primero con tu hermano, y entonces ven y presenta tu ofrenda (Mateo 5:23, 24).

No podremos ser aceptados por Dios si nos acercamos a él sin antes haber rectificado algún daño que le hayamos hecho a alguien. Pero cuando vamos a esa persona y rectificamos ese daño, podemos apropiarnos de la bondadosa promesa del perdón de Dios (Efesios 4:32; Colosenses 3:13).

La ofrenda por la transgresión requería una admisión visible de culpabilidad, humillación y confesión, así como de restitución. Se requería que la persona culpable confesara «aquello en que pecó» (Levítico 5:5). No se trataba de la repetición de alguna fórmula ritual o litúrgica, sino de la confesión del pecado cometido. Se entendía que estas ofrendas hacían expiación por el pecado sólo cuando iban acompañadas por un arrepentimiento verdadero.

Este es un simbolismo que nos hace reflexionar. Se ofrece un sacrificio costoso, se confiesa públicamente el

Debemos mantener nuestros compromisos, cumplir nuestros contratos, pagar nuestras deudas, hacer restitución por cualquier daño que causemos a alguien.

pecado, se ponen las manos sobre la cabeza del animal y así se transfiere la culpa, se mata a una víctima inocente, y se la ve sufrir y derramar su sangre por el pecado de uno. De estas formas, la gravedad del pecado y la imponente santidad de Dios se hacían muy visibles para el pueblo judío.

Piensa en esto, si pusiéramos en práctica en nuestro sistema legal el principio de Dios sobre la restitución, nuestro sistema de justicia criminal podría cambiar totalmente. Pero, como hemos visto, la restitución no es aplicable sólo a los peores criminales, sino que este principio es aplicable también a la iglesia, según los creyentes tratamos unos con otros. Hoy en día, una de las principales causas de la hipocresía, del juzgar a los demás, del rencor y de la falta de unidad en nuestras iglesias es que desconocemos el principio de la restitución establecido por Dios y, por lo tanto, no lo ponemos en práctica.

Cuando los creyentes descuidamos este importante principio, traemos vergüenza al nombre del Señor y provocamos desilusión en los demás. Como sacerdotes del Nuevo Testamento debemos mantener nuestros compromisos, cumplir nuestros contratos, pagar nuestras deudas, hacer restitución por cualquier daño que causemos a alguien, y demostrar verdadero arrepentimiento por nuestros pecados.

Pero, ¿qué es el verdadero arrepentimiento? Algunos individuos consideran que el arrepentimiento y llorar en el altar, o sentirse apenado porque «los sorprendieron» cometiendo algún pecado, es lo mismo. Sin embargo, las tres palabras griegas utilizadas en el Nuevo Testamento al hablar del arrepentimiento no comunican esas ideas. La primera: *metanoéo,* significa un cambio de *mente* (Mateo 3:2; Marcos 1:15). La segunda: *metamélomai,* significa un cambio de *corazón* (Mateo 21:29, 32; Hebreos 7:21). La tercera: *metánoia,* significa un cambio de *rumbo* o *vida.* Estas tres cosas tienen que ir juntas para que exista un verdadero arrepentimiento. Las tres indican un cambio, y si no hay un cambio, no ha habido un verdadero arrepentimiento.

El día de la expiación

A pesar del más profundo arrepentimiento, y de que el pueblo de Israel y sus sacerdotes observaran la ofrenda por el pecado de la manera más escrupulosa, muchos pecados y contaminaciones permanecían aún sin ser reconocidos y, por lo tanto, sin ser limpiados. Esta necesidad era satisfecha el día de la expiación, un día al año señalado para una expiación general y perfecta por todas las impurezas y pecados que habían permanecido sin ser expiados ni limpiados.

El día de la expiación era el día más solemne del año para Israel, porque en ese día, por medio de un sacrificio especial, los pecados de todo el año eran cubiertos, y la nación era reconciliada con su Dios (ver Levítico 16; 23:26-32; Números 29:7-11).

Aun así, debido a que esa expiación era solamente una provisión temporal, no podía remover el pecado. Como se revela en Hebreos 10:3, 4, la expiación tuvo que hacerse cada año hasta que Cristo mismo vino para morir como el Cordero de Dios, cuya sangre no cubriría el pecado simplemente de manera temporal, sino que lo quitaría, y justificaría a la humanidad: «Pero en estos sacrificios cada año

El día de la expiación era el día más solemne del año para Israel, por medio de un sacrificio especial, los pecados de todo el año eran cubiertos, y la nación era reconciliada con su Dios.

se hace memoria de los pecados; porque la sangre de los toros y de los machos cabríos no puede quitar los pecados».

En ese día del año, como representación de la redención que Cristo habría de realizar, el sumo sacerdote ofrecía los sacrificios expiatorios. Primero, él ponía a un lado todas sus vestiduras gloriosas que constaban del pectoral, el manto del efod con sus granadas y campanillas, su cinto de obra primorosa y la diadema santa. En lugar de esas vestiduras hermosas, el sumo sacerdote se ponía vestiduras de lino como las de los sacerdotes comunes.

En ese día especial, el sumo sacerdote ofrecía un total de quince sacrificios: El sacrificio de la mañana; los sacrificios por el sumo sacerdote, el sacerdocio y el pueblo; las ofrendas festivas quemadas de los sacerdotes y del pueblo junto con otra ofrenda por el pecado. Y por último ofrecía el sacrificio del atardecer (Hebreos 9:7, 11, 12).

Sólo en ese día, el sumo sacerdote entraba cuatro veces en el lugar santísimo (se menciona en Hebreos 9:7 como «una vez»). La mirada de todos estaba puesta sobre el santuario, a medida que la figura del sumo sacerdote vestido de blanco desaparecía lentamente al entrar en el lugar santo y quedar fuera de su vista detrás del velo que cubría la entrada del lugar santísimo.

Como el santuario exterior del lugar santo estaba separado del lugar santísimo por el grueso y hermoso velo bordado, la maravillosa escena que voy a describir a continuación nunca fue vista por nadie, excepto por el sumo sacerdote.

La tapa del arca del testimonio, es decir, el propiciatorio, estaba cubierta de oro sólido. En los dos extremos había dos querubines de oro, uno frente al otro, mirando al propiciatorio y con sus alas extendidas por encima de él cubriéndolo con ellas. Las tablas del pacto junto con una urna que contenía el maná y la vara de Aarón estaban también dentro del arca (Exodo 25:16, 22; Hebreos 9:4).

Todo esto era muy hermoso e impresionante, pero cuando el sumo sacerdote entraba en el lugar santísimo, ver la deslumbrante y resplandeciente nube *shechinah,* la santa presencia de Dios, cubriendo el propiciatorio entre los querubines, era lo que hacía que su corazón latiera apresuradamente y le temblaran las piernas.

Separado de todo el pueblo, el sumo sacerdote permanecía solo y de pie con los rojos carbones brillando en su incensario en la oscuridad del lugar santísimo. ¿Puedes imaginártelo allí, en silencio, mientras lleno de un temor reverente estaba delante de la resplandeciente nube, delante de la presencia visible de Dios, sabiendo perfectamente que moriría si su propio pecado no estaba cubierto y si su servicio no era aceptado?

La primera vez que el sumo sacerdote entraba en el lugar santísimo era para ofrecer incienso. Cerniendo el incienso a través de sus dedos, sobre los carbones encendidos en el incensario, él esperaba hasta que la nube del fragante humo llenara el lugar santísimo. Finalmente, el sumo sacerdote salía del santuario, y el pueblo sabía que Dios había aceptado su servicio.

El sumo sacerdote entraba en el lugar santísimo otras tres veces. Primero tomaba la sangre de un becerro y la rociaba sobre el propiciatorio, teniendo mucho cuidado de que esa sangre cargada de pecados no manchara sus vestiduras blancas. Después, entraba para rociar la sangre de un macho cabrío. La última vez entraba para sacar el incensario y el plato del incienso que había dejado allí.

Cuando finalmente terminaba la expiación, el sumo sacerdote...levantaba sus manos para bendecirlos, y decía en alta voz: «¡Están limpios de todos sus pecados!»

El sumo sacerdote purificaba el santuario por medio de estos sacrificios y rociamientos de sangre, obtenía el perdón de los pecados, y restauraba los privilegios de los sacrificios del Antiguo Testamento y el consiguiente acceso a Dios.

Cuando finalmente terminaba la expiación, el sumo sacerdote salía del tabernáculo y se dirigía a la gran muchedumbre que estaba afuera esperando. Levantaba sus manos para bendecirlos, y decía en alta voz: «¡Están limpios de todos sus pecados!»

Al final de las solemnes ceremonias, el sumo sacerdote se quitaba las vestiduras de lino que había usado, y estas se escondían, para no volver a usarse de nuevo.

Jesús, nuestra Expiación

De la misma manera en que el sumo sacerdote cambiaba sus magníficas vestiduras por unas humildes de lino blanco, nuestro gran Sumo Sacerdote, el Señor Jesucristo, puso a un lado la gloria que compartía con el Padre y se puso el sencillo manto de humanidad cuando vino para expiar nuestros pecados. Pablo escribió lo siguiente:

> [Jesús] se despojó a sí mismo, tomando forma de siervo, hecho semejante a los hombres; y estando en la condición de hombre, se humilló a sí mismo, haciéndo-

> se obediente hasta la muerte, y muerte de cruz (Filipenses 2:7, 8).

Aquí Pablo describió a Jesús como el Sumo Sacerdote que desempeñaba su cargo, y al mismo tiempo como el sacrificio por el pecado. El fue ambos: la víctima y el Sumo Sacerdote que ofreció esa víctima. El fue el Cordero sin defecto, y también fue el Sacerdote que colocó el sacrificio sobre el fuego y roció su sangre sobre el altar. El escritor de la Epístola a los Hebreos dice sencillamente que Jesús se ofreció a sí mismo (Hebreos 7:27).

La Palabra de Dios también describe a Jesús como la ofrenda por la transgresión de los creyentes del Nuevo Testamento, porque él llevó nuestra culpabilidad y nuestra humillación, e hizo restitución ante Dios por nuestros pecados contra él. Según las palabras proféticas de Isaías: «...él herido fue por nuestras rebeliones...» (Isaías 53:5). Pablo explicó cómo fue realizada esa obra maravillosa de perdón:

> Y a vosotros, estando muertos en pecados ... os dio vida juntamente con él, perdonándoos todos los pecados, anulando el acta de los decretos que había contra nosotros, que nos era contraria, quitándola de en medio y clavándola en la cruz (Colosenses 2:13, 14).

Cuando no había forma en que nosotros pudiéramos pagar el castigo por nuestros pecados, Jesucristo pagó una deuda que no era de él, e hizo expiación por nosotros. El se convirtió en la ofrenda por nuestro pecado y nuestra transgresión.

Mientras él sufría en la cruz, inexplicablemente la luz del sol se apagó gradualmente. A eso de las tres de la tarde, la

Si los levitas estaban obligados a ofrecer sacrificios de acuerdo con el método antiguo, cuánto más lo estamos nosotros como sacerdotes del Nuevo Testamento.

oscuridad fue completa. Esa era aproximadamente la hora en que el sacrificio de la tarde se estaría ofreciendo; el sacerdote se encontraría de pie delante del velo en el lugar santo ofreciendo incienso. Precisamente en ese momento, al otro lado de la ciudad, Jesús clamó: «Padre, en tus manos encomiendo mi espíritu», y murió. En ese preciso instante, el grueso velo del lugar santísimo se rasgó en dos, de arriba abajo, y la tierra tembló (Mateo 27:45-51; Lucas 23:45, 46; Marcos 15:33-38).

Puesto que Jesús, el perfecto Cordero de Dios, derramó su sangre, el velo que impedía el acceso del pueblo al lugar santísimo se rasgó de arriba abajo, abriendo la entrada a la presencia de Dios. Piensa qué maravilloso es que el velo que por siglos había excluido a todos menos al sumo sacerdote, de la presencia santa de Dios, está abierto hoy. Tú y yo podemos entrar con toda libertad hasta el lugar donde está el trono de Dios. Podemos llevar nuestras alabanzas y necesidades directamente a Dios.

En las Escrituras se nos ordena que no descuidemos una salvación tan grande. Servir como sacerdotes del Dios Altísimo no es algo que podamos hacer de vez en cuando, en los pocos momentos que tengamos libres. No se nos ha dado un privilegio como este sin responsabilidades. Si los levitas estaban obligados a ofrecer sacrificios de acuerdo con el método antiguo, cuánto más lo estamos nosotros como sacerdotes del Nuevo Testamento. Puesto que nosotros disfrutamos del privilegio de entrar más allá del velo, tenemos la responsabilidad de ofrecer diariamente sacrificios de alabanza y oraciones de intercesión como incienso delante de Dios.

SIETE

EN PAZ CON DIOS

Ven acá, Benjamín!» le dijo Zadok desde la puerta de su tienda de campaña a su hijo, quien inquietamente andaba de un lado para otro cerca de una hoguera. «Ven, siéntate a mi lado y conversemos mientras tu madre acuesta al bebé».

Zadok extendió una manta sobre la tierra húmeda de rocío y se sentó. Cuando el muchacho estuvo a su lado, le preguntó: «¿Hay algo que te preocupa, Benjamín?»

El joven miró en otra dirección por un momento, y luego respondió: «Sí, Papá, hay algo que he estado pensando preguntarte, algo que no entiendo. Todos los días, por la mañana y por la noche, los sacerdotes sacrifican un cordero sobre el altar que está en el atrio afuera del tabernáculo. He estado observando esto durante varias semanas y siempre es igual. Y el fuego sobre el altar», continuó diciendo el muchacho, pensando detenidamente, «ese fuego nunca se apaga. Todas las noches antes de acostarme veo su luz a través de la puerta de nuestra tienda».

Zadok permaneció sentado tranquilamente disfrutando de la quietud del crepúsculo, esperando que las inquietantes preguntas de su hijo salieran a la luz al igual que las pequeñas burbujas en una olla de agua que comienza a hervir salen a la superficie.

«Papá, ¿por qué tienen que morir los corderos, día tras día, a la salida y a la puesta del sol?» le preguntó el muchacho después de una larga pausa. «¿Por qué el fuego?»

Pasaron unos momentos mientras Zadok meditaba en su corazón, buscando palabras sencillas para describir las creencias profundamente arraigadas por las cuales vivía y eran dirigidas sus acciones. Entonces, le contestó a su hijo: «Benjamín, la justicia eterna de nuestro Dios, que arde en contra de toda maldad y de todos los pecados, es declarada a Israel en el fuego del altar. Todo nuestro campamento ve ese fuego ardiendo en el atrio del tabernáculo alimentándose toda la noche con el sacrificio. Y las llamas nos hablan».

«¿Las llamas les *hablan?* ¿Qué les dicen, Papá?» le preguntó el sorprendido muchacho.

A medida que el hambriento fuego devora a una víctima tras otra, día tras día, hace una advertencia: «¡Así perecerás si no te arrepientes!» respondió Zadok. «Pero el chisporroteo de las llamas también nos dice al oído que hay una

Un día una víctima perfecta será puesta sobre su altar, y misericordiosamente su sangre apagará las llamas que el cielo encendió como juicio por el pecado.

manera de escapar. El fuego nos dice que nuestro Dios amoroso y santo ve el sufrimiento de las víctimas noche y día, y lo acepta en nuestro lugar».

Benjamín escuchaba sin siquiera parpadear.

«Debes saber, Benjamín»; continuó diciendo Zadok, «que el fuego es una señal de la promesa que nos ha hecho Dios de que un día una víctima perfecta será puesta sobre su altar, y misericordiosamente su sangre apagará las llamas que el cielo encendió como juicio por el pecado. Pero incluso entonces, el fuego de nuestro amor por Dios nunca se extinguirá en los altares secretos de nuestro corazón, porque el amor engendra amor. Siempre amaremos al Dios que nos amó primero, y cuya misericordia mantuvo a las hambrientas llamas bajo control hasta que se pudiera encontrar el sacrificio perfecto».

Zadok hizo una pausa para dejar que aquella maravillosa verdad penetrara en el corazón de su hijo, y luego habló una vez más: «No tienes que temer al fuego ni a los sacrificios, hijo mío», dijo suavemente. «Todas las noches, los hombres de Israel, que comprendemos el lenguaje del fuego, nos acostamos a dormir y descansamos en paz. Benjamín, desde esta noche en adelante, cada vez que abras los ojos en la oscuridad y veas la parpadeante luz del fuego brillando a través de la puerta de nuestra tienda, recuerda que ese fuego te está hablando de la *misericordia* y el *amor* de nuestro Dios santo, y aliéntate».

El sacrificio perfecto que Jesucristo hizo de sí mismo, su sangre derramada en el Calvario, satisfizo las demandas de la santidad de Dios, hizo provisión para el perdón de la humanidad y estableció nuestra paz con Dios. Por lo tanto, tú y yo ya no tenemos que ofrecer la sangre de corderos, becerros y machos cabríos como un sustituto por nuestros pecados y faltas. Tampoco tenemos que trabajar o esforzarnos para ganar nuestra salvación. Las lágrimas y los esfuerzos de toda una vida no pueden comprar nuestra salvación; pero, gracias a Dios, que no tienen que comprarla. *Jesús la pagó en su totalidad.*

La ofrenda por el pecado y la ofrenda por la transgresión revelaban la necesidad de la humanidad de limpieza, reconciliación y restauración de la comunión con Dios. Una vez que el problema del pecado estaba cubierto por la sangre, los otros sacrificios adquirieron un nuevo énfasis.

Los tres sacrificios del Antiguo Testamento que describimos en este capítulo expresan una relación correcta con Dios y comunión con él. Eran rituales de consagración, dedicación y acción de gracias, y celebraban la relación del pacto que el pueblo de Dios disfrutaba con él. En esos sacrificios, la santidad y el gozo iban tomados de la mano.

La ofrenda quemada

La ofrenda quemada, descrita en Levítico 6:8-13, era ofrecida todos los días, por la mañana y al atardecer. En los días regulares se sacrificaba un cordero de un año; en el día de reposo se ofrecían dos corderos por la mañana y al atardecer (Números 28:9, 10). Debido a la regularidad y frecuencia con que se ofrecían los sacrificios, se les llamaba el «holocausto continuo» (Exodo 29:42).

Además de las ofrendas quemadas públicas, los israelitas podían ofrecer también ofrendas quemadas privadas, y ése era el sacrificio normal de un judío que tenía una correcta relación de pacto con Dios.

La ofrenda quemada representaba devoción personal y la búsqueda del favor divino. El sacrificio era totalmente

Una vez que el problema del pecado estaba cubierto por la sangre, los otros sacrificios adquirieron un nuevo énfasis... una relación correcta con Dios y comunión con él.

voluntario (Levítico 1:3), como deben ser todas nuestras ofrendas a Dios para que le agraden y las acepte.

El que ofrendaba el sacrificio ponía sus manos sobre el animal que estaba a punto de morir, reconociendo que dicho animal se convertiría en un sustituto personal. Luego, como la persona que estaba haciendo la ofrenda era por quien el animal habría de morir, lo mataba. Después, los sacerdotes que eran los hijos de Aarón, rociaban la sangre del animal sobre el altar y preparaban la ofrenda para el sacrificio.

Dado que todo el animal, excepto la sangre, era reducido a cenizas y humo, la ofrenda simbolizaba la consagración total de sí mismo, la entrega irrevocable de todo el ser a la voluntad y los propósitos de Dios. El escritor de la Epístola a los Hebreos nos dice que la ofrenda quemada describe el sacrificio voluntario que Cristo hizo de su propio cuerpo para nuestra santificación: «Somos santificados mediante la ofrenda del cuerpo de Jesucristo hecha una vez para siempre» (Hebreos 10:10).

A los sacerdotes del nuevo pacto también se les ordena hacer sacrificios espirituales. El apóstol Pedro les ordenó a los creyentes, que son el sacerdocio santo, ofrecer sacrificios espirituales que sean aceptables y agradables a Dios por medio de Jesucristo (1 Pedro 2:5), y darle la gloria debida a su nombre.

De la misma manera en que diariamente los sacerdotes del Antiguo Testamento ofrecían al Señor ofrendas quemadas, nosotros, los sacerdotes del Nuevo Testamento, debemos presentar diariamente a Dios todo nuestro ser, nuestros miembros y facultades. El apóstol Pablo dijo:

> Así que, hermanos, os ruego por las misericordias de Dios, que presentéis vuestros cuerpos *en sacrificio vivo*, santo, agradable a Dios, que es vuestro culto racional (Romanos 12:1, cursivas añadidas).

Después de entregarnos *nosotros mismos* a Dios, podemos entregarle nuestro *servicio*. Dios quiere que también le ofrezcamos nuestra fe, aun cuando eso significara perder la vida por el evangelio. Hebreos 11:6 dice: «Pero sin fe es imposible agradar a Dios». También Pablo habló de una ofrenda de fe cuando se dirigió a los creyentes en Filipos:

> Asidos de la palabra de vida, para que en el día de Cristo yo pueda gloriarme de que no he corrido en vano, ni en vano he trabajado. Y aunque sea derramado en libación sobre el sacrificio y servicio de vuestra fe, me gozo y regocijo con todos vosotros. Y asimismo gozaos y regocijaos vosotros conmigo
> (Filipenses 2:16-18).

Pensando en que su muerte estaba próxima, el generoso apóstol Pablo estaba dando a entender su disposición, si fuera necesario, de morir martirizado por el bien de estos amados hermanos. Para explicar su devoción, utilizó la impresionante analogía de un sacerdote asesinado mientras cumplía fielmente con sus obligaciones. Pablo se describió a sí mismo como un sacerdote ministrando y ofreciéndole a Dios la fe de los filipenses al mismo tiempo que él era asesinado. La sangre de la vida del sacerdote era derramada

Cuando nos encontramos en medio de aflicciones muy fuertes, y de las llamas de pruebas difíciles, ¿nos detenemos alguna vez a pensar que estamos ofreciendo nuestra fe, como un sacrificio sobre el altar de Dios?

sobre el sacrificio de la fe de ellos, de la misma manera en que los judíos derramaban una ofrenda de vino al lado del altar, y los paganos de aquellos días derramaban vino sobre las víctimas que sacrificaban.

El apóstol, ya anciano, continuó explicándoles a los filipenses que la mezcla de la fe de ellos con la sangre de él sobre el altar, que era un sacrificio mutuo, significaría su gozo mutuo.

Cuando nos encontramos en medio de aflicciones muy fuertes, y de las llamas de pruebas difíciles, ¿nos detenemos alguna vez a pensar que estamos ofreciendo nuestra fe, por muy débil que parezca ser, como un sacrificio sobre el altar de Dios? Como Job, ¿miramos nosotros a Dios y prometemos: «Aunque él me matare, en él esperaré» (Job 13:15)?

En estos días de creciente persecución, ¿han empezado a darse cuenta los fieles que con toda comodidad asisten a la iglesia, de que algunos de nosotros podríamos unirnos a la innumerable cantidad de creyentes de otros países que ya han sido llamados a entregar su vida por la causa de Cristo? Espero que si ese día llegara para ti y para mí, estemos listos, como Pablo, para ofrecer nuestra vida con gozo.

La ofrenda de harina

La ofrenda de harina era voluntaria y representaba los primeros frutos del trabajo del adorador. Esta ofrenda era la única de las cinco en la cual no se utilizaba la carne de ningún animal. Los ingredientes eran: harina sin cocinar, granos tostados al fuego y tortas sin levadura (Levítico 2:1-16; 6:14-18). El sacerdote tomaba un puñado de la ofrenda de harina, lo ponía en una vasija, le echaba encima incienso y sal, y luego lo colocaba sobre el fuego. El resto de la ofrenda pertenecía a los sacerdotes.

Esta ofrenda, que simbolizaba compañerismo y comunión con Dios, les recordaba a los israelitas que Dios les había dado su comida y sustento, y que ellos a su vez le debían su vida a él y su servicio como un don.

Los sacerdotes del nuevo pacto ya no sacrificamos a Dios una ofrenda literal de harina. En lugar de eso, nuestra generosidad, bondad y buenas obras son sacrificios agradables a él. Como ordena el autor de la Epístola a los Hebreos: «Y de hacer bien y de la comunicación no os olvidéis; porque de tales *sacrificios* se agrada Dios» (Hebreos 13:16, Reina-Valera 1909, cursivas añadidas).

Todos sabemos lo que significa «hacer bien», pero ¿qué significa «comunicación»? La palabra utilizada aquí, cosa sorprendente, es *koinonía,* cuyo significado es «tener compañerismo, comunicarse, compartir en común». El versículo 16 podría traducirse: «No se olviden de hacer bien y de *tener compañerismo*».

¿Puedes creer lo que el autor de esta epístola nos enseña? Entregarnos al compañerismo, comunicarnos los unos con los otros, hacer buenas obras; estos son los sacrificios que agradan a Dios. Casi todas las semanas me entero de creyentes que están ofreciendo tales sacrificios.

Por ejemplo, una tarde le notificaron a un matrimonio, miembro de uno de nuestros grupos de oración hogareños,

Como ordena el autor de la Epístola a los Hebreos: «Y de hacer bien y de la comunicación no os olvidéis; porque de tales sacrificios se agrada Dios»

que sus tres hijos habían tenido un terrible accidente automovilístico y los habían llevado en una ambulancia a un hospital de la ciudad de Dallas.

Cuando dos de los ancianos de la iglesia llegaron apresuradamente al hospital, encontraron a los líderes de cinco grupos de oración y a sus esposas que ya estaban allí en la sala de espera, intercediendo por los tres jóvenes, los cuales se hallaban al borde de la muerte. Sus padres estaban al lado de sus hijos, en la unidad de cuidado intensivo, con la tranquilidad y la paz que Dios, por su gracia, les había dado. A medida que las oraciones de los ancianos se unieron a la intercesión que estaba haciéndose a favor de aquellos muchachos y de sus padres, Dios escuchó y respondió. Los tres jóvenes se recuperaron totalmente.

Las personas parecen encontrar dondequiera oportunidades para ministrar. Una pareja atiende un hogar para mujeres maltratadas o sin hogar, quienes no tienen otro lugar donde ir para albergarse y recibir aconsejamiento. Una saludable viuda, de setenta años de edad, ofrece voluntariamente sus servicios varias horas a la semana para ministrar a personas adultas confinadas en sus casas. Con frecuencia las llama por teléfono para asegurarse de que están bien, y les hace mandados.

Una mujer, cuya profesión le demanda mucho tiempo, siempre tiene a mano una cantidad de hermosas tarjetas. Cuando se entera de que algún amigo o conocido está enfermo, desanimado o pasando por alguna dificultad, le envía una tarjeta por correo y no deja de orar por esa persona.

Una pareja, cuyas ancianas madres viven en otros estados, les envían dinero todos los meses para que una de ellas pueda hacerse arreglar el cabello, y la otra pueda pagar a alguien para que la ayude con el trabajo de la casa.

Estos creyentes, y otros como ellos, no están solamente ministrando a personas en necesidad; están ministrando a Dios. Nuestros sacrificios espirituales de compañerismo, compasión y devoción abnegada no le pasan inadvertidos a Dios. Hoy experimentamos el gozo y la satisfacción de ayudar a otros, pero algún día Dios mismo nos dará las gracias personalmente:

> Entonces el Rey dirá a los de su derecha: Venid, benditos de mi Padre, heredad el reino preparado para vosotros desde la fundación del mundo. Porque tuve hambre, y me disteis de comer; tuve sed, y me disteis de beber; fui forastero, y me recogisteis; estuve desnudo, y me cubristeis; enfermo, y me visitasteis; en la cárcel, y vinisteis a mí. Entonces los justos le responderán diciendo: Señor, ¿cuándo te vimos hambriento, y te sustentamos, o sediento, y te dimos de beber? ... Y respondiendo el Rey, les dirá: De cierto os digo que en cuanto lo hicisteis a uno de estos mis hermanos más pequeños, a mí lo hicisteis (Mateo 25:34-37, 40).

Santiago, conocido como el hermano de nuestro Señor, redujo la religión verdadera a una fórmula muy simple: «La religión pura y sin mácula delante de Dios el Padre es ésta: Visitar a los huérfanos y a las viudas en sus tribulaciones, y guardarse sin mancha del mundo» (Santiago 1:27).

Jesucristo dijo lo mismo a los fariseos que se consideraban justos en sí mismos. Severamente les ordenó: «Id,

Si no le ofrecemos a Dios los costosos sacrificios de vidas puras y corazones compasivos, entonces él no está interesado en sustitutos carnales,

pues, y aprended lo que significa: Misericordia quiero, y no sacrificio» (Mateo 9:13). Esto quiere decir que Dios anhela ver que nuestro corazón y nuestras manos se extiendan para ayudar a los necesitados. Su generoso corazón clama por el día en que dediquemos tiempo para visitar a los enfermos, solitarios y afligidos, y les bendigamos con los dones de nuestra presencia, aliento y oraciones. Esto quiere decir que para Dios es más importante que le obedezcamos y que nos adheramos de todo corazón a sus leyes de amor y misericordia que la grosura de los carneros (1 Samuel 15:2). También quiere decir que si no le ofrecemos a Dios los costosos sacrificios de vidas puras y corazones compasivos, entonces él no está interesado en sustitutos carnales, sin importar cuán profundamente metemos la mano en el bolsillo para dar algún donativo de caridad.

Cuando se trata de conformarnos a la imagen de Cristo, lo fundamental no es asistir a la iglesia, diezmar, testificar, cantar en el coro y memorizar las Escrituras. Lo fundamental es el amor. Jesús nos dice: «Si quieres ser como yo, tienes que sentir y demostrar compasión». El sacerdote del nuevo pacto no tiene otra opción.

Un significado de la ofrenda de harina es similar al de la ofrenda de los diezmos, y David lo expresa de la siguiente manera:

> Todas las cosas que están en los cielos y en la tierra son tuyas ... todo es tuyo, y de lo recibido de tu mano te damos (1 Crónicas 29:11, 14).

A Dios le agradan nuestros sacrificios de buenas obras y de compañerismo, pero él también nos ha ordenado a nosotros como sacerdotes del Nuevo Testamento que ofrezcamos dones y ofrendas. La palabra en el Antiguo Testamento de la cual se deriva la palabra traducida *ofrenda* significa «acercarse». Cuando pensamos en una *ofrenda* como aquello por medio de lo que nos acercamos a Dios, dar se convierte en un privilegio y un placer, no es una obligación desagradable.

En su carta a los creyentes filipenses, quienes habían contribuido para suplir sus necesidades, Pablo dijo que sus dones o dádivas eran un «olor fragante, *sacrificio* acepto, agradable a Dios» (Filipenses 4:18, cursivas añadidas). Cuando damos para que avance la obra del Señor, y para que se suplan las necesidades de los obreros de Dios, tenemos el gozo de saber que nuestros dones y ofrendas son aceptables a Dios.

Como los adoradores judíos de antaño, los creyentes del Nuevo Testamento debemos entregarnos primeramente a Dios. Después que nos entreguemos a él, entonces él nos ungirá y aceptará nuestro servicio y nuestros dones, los primeros frutos de nuestras labores. El orden no puede ser invertido. Dios nunca aceptará a las buenas obras y al dinero como sustitutos de un corazón obediente y devoto a él.

La ofrenda de paz

De los cinco sacrificios que encontramos en el Antiguo Testamento, la ofrenda de paz era la más alegre. Se llamaba una «ofrenda de paz» porque era ofrecida por aquellos que estaban en paz con Dios, y expresaba gratitud y obligación hacia Dios. Era una oportunidad para tener comunión con Dios.

De todos los sacrificios, la ofrenda de paz debía ser la última en observarse. Quizás esto era así para enfatizar el

Se llamaba una «ofrenda de paz» porque era ofrecida por aquellos que estaban en paz con Dios...era una oportunidad para tener comunión con Dios.

hecho de que la paz se produce como resultado de obedecer a Dios y cumplir con sus requerimientos.

Las ofrendas de paz podían hacerse en público o en privado. Los dos corderos que se ofrecían cada año el día de Pentecostés eran una ofrenda pública de paz considerada santísima; y los sacerdotes que estaban oficiando comían su carne dentro del lugar santo. También se ofrecían ofrendas de paz en ocasiones de gran regocijo o solemnidad para todo el pueblo.

Las ofrendas de paz privadas eran de tres clases: sacrificios de acción de gracias que se ofrecían en reconocimiento de las misericordias recibidas (Levítico 7:12), de votos (Levítico 7:16) y ofrendas voluntarias que provenían de corazones llenos de amor (Levítico 7:16). Estos sacrificios siempre iban acompañados por una ofrenda de bebida y una de harina que consistía de granos molidos y flor de harina mezclados con aceite, o tortas sin levadura preparadas de tres maneras distintas con aceite (Levítico 7:11-14).

Se requería que el que presentaba la ofrenda pusiera sus manos sobre el sacrificio, hiciera confesión y diera gracias a Dios. Después que el que ofrendaba mataba al animal del sacrificio, el sacerdote rociaba la sangre sobre el altar y entonces ofrecía la grasa y las vísceras al Señor. La ofrenda de paz terminaba en un alegre banquete con la carne del animal sacrificado y con las tortas.

La persona que ofrendaba, sus amigos y los sacerdotes participaban en un tiempo de feliz compañerismo con su Dios en el atrio del tabernáculo (Deuteronomio 12:17, 18). Esta comida indicaba el compañerismo entre el adorador y

Dios; era un símbolo y una promesa de amistad y paz con él.

En la ofrenda de paz del antiguo pacto, los judíos ofrecían acciones de gracias junto con sus sacrificios. La alabanza acompañada de agradecimiento es también un tipo de sacrificio que debe ofrecer el sacerdote del nuevo pacto.

> Así que, ofrezcamos siempre a Dios, por medio de él [Cristo], *sacrificio de alabanza,* es decir, fruto de labios que confiesen su nombre (Hebreos 13:15, cursivas añadidas).

¿Te diste cuenta de que el escritor nos ordena que ofrezcamos el sacrificio de alabanza *continuamente,* no simplemente en ciertas ocasiones, como lo hacían los judíos? Y se nos dice también que cuando alabemos a Dios lo hagamos confesando su nombre con agradecimiento. En la primera frase del Padrenuestro, Cristo nos enseña a alabar el nombre de Dios: «Padre nuestro que estás en los cielos, santificado sea tu nombre». Cuando hacemos esto, confesamos quién es Dios y lo que él ha hecho por nosotros.Pero la alabanza a Dios por quien es él y por sus obras maravillosas no es el único sacrificio de alabanza que Dios acepta. Su Palabra nos enseña que para él la confesión de nuestros pecados es una forma de ofrenda de alabanza. Dios, que es quien produce fruto de labios (Isaías 57:19), nos dice exactamente lo que tenemos que hacer cuando tropezamos y caemos por causa de nuestra iniquidad:

> Llevad con vosotros palabras de súplica, y volved a Jehová, y decidle: Quita toda iniquidad, y acepta el bien, y te ofreceremos la ofrenda de nuestros labios (Oseas 14:2).

Cuando pecamos debemos llevarle a Dios nuestro espíritu quebrantado y nuestro corazón contrito, y ofrecerle a él un sacrificio de acción de gracias por su gran misericordia y perdón.

También, el salmista escribió acerca del sacrificio de arrepentimiento:

> Las ofrendas a Dios [los sacrificios que él acepta] son un espíritu dolido; ¡tú no desprecias, oh Dios, un corazón hecho pedazos! [un corazón que ha sido quebrantado por el dolor que produce el pecado, y que es humilde y penitente] (Salmo 51:17, Versión Popular).

Como sacerdotes jamás debemos permitir que los sentimientos de culpabilidad o fracaso nos alejen de la presencia de Dios. En vez de eso, cuando pecamos debemos llevarle a Dios nuestro espíritu quebrantado y nuestro corazón contrito, y ofrecerle a él un sacrificio de acción de gracias por su gran misericordia y perdón. El nos recibirá con alegría.

Otra ofrenda de alabanza que agrada a Dios son los cantos y los clamores alegres de alabanza a Dios, incluso en la presencia de nuestros enemigos, y en medio de las pruebas. Como el salmista, debemos declarar:

> Luego levantará mi cabeza sobre mis enemigos que me rodean, y yo sacrificaré en su tabernáculo sacrificios de júbilo; cantaré y entonaré alabanzas a Jehová (Salmo 27:6).

La instrucción que Pablo les dio a los colosenses es un buen consejo para los creyentes de estos tiempos modernos:

> La palabra de Cristo more en abundancia en vosotros, enseñándoos y exhortándoos unos a otros en toda sabiduría, cantando con gracia en vuestros corazones al Señor con salmos e himnos y cánticos espirituales. Y todo lo que hacéis, sea de palabra o de hecho, hacedlo todo en el nombre del Señor Jesús, dando gracias a Dios Padre por medio de él (Colosenses 3:16, 17).

A medida que cumplimos con nuestras obligaciones diarias, aprendamos a ofrecer continuamente sacrificios de alabanza y de acción de gracias.

La ofrenda de paz es el punto hacia el cual nos conducen los otros sacrificios. Una vez que nos hemos acercado a Dios a través de los méritos del sacrificio de Cristo, no sólo no hay condenación para nosotros, sino que se nos asegura el acceso a la gracia de Dios, y tendremos gozo.

De la misma manera en que los sacerdotes y los creyentes del Antiguo Testamento participaban gozosamente de la ofrenda de paz, los creyentes del nuevo pacto, que nos reunimos alrededor de la mesa del Señor para tomar la santa cena, debemos gozarnos juntos en su abundante provisión, y recordar con agradecimiento cómo Jesús sufrió y murió por nosotros. «La copa de bendición que bendecimos, ¿no es la comunión de la sangre de Cristo? El pan que partimos, ¿no es la comunión del cuerpo de Cristo?» (1 Corintios 10:16).

La ofrenda de paz simboliza la maravillosa promesa

Las ofrendas de paz son ocasiones maravillosas y gozosas en las que se disfruta de la amistad y del compañerismo con Dios.

expresada en Apocalipsis 3:20: «He aquí, yo estoy a la puerta y llamo; si alguno oye mi voz y abre la puerta, entraré a él, y cenaré con él, y él conmigo». Nos espera una celebración alegre y una comunión íntima. Todo lo que tenemos que hacer es abrir la puerta.

Lecciones para hoy

Las ceremonias solemnes, los rituales hermosos y los sacrificios simbólicos señalan a Jesús, y todos nos enseñan más acerca de lo que Dios requiere hoy en nuestro servicio y adoración.

¿Te ha movido el Espíritu Santo alguna vez a presentarle al Señor una ofrenda de paz (un voto o una ofrenda voluntaria que nace de un corazón que rebosa de amor), o algún sacrificio de acción de gracias en reconocimiento por las bendiciones recibidas? Tal vez entregaste parte de la bonificación que recibiste en tu trabajo, o diste una ofrenda especial porque recibiste una inesperada bendición financiera. Quizá te sentiste tan agradecido por la bondad del Señor que decidiste abstenerte de una de las comidas del día, y dedicar ese tiempo a ministrar al Señor en alabanza y adoración. Las ofrendas de paz son ocasiones maravillosas y gozosas en las que se disfruta de la amistad y del compañerismo con Dios.

Pero a veces Dios nos pide que hagamos algo que nos hace sentir tristes antes de hacernos sentir felices. Si alguna vez has experimentado uno de esos momentos de prueba en los que parece que la fe se estira al máximo, podrás imaginarte cómo me sentí cuando Dios me pidió que le entregara a mi hijo.

Corría el año 1977. Todavía ocupaba el cargo de pastor de jóvenes de la Iglesia Bautista de Beverly Hills, y Melva y yo vivíamos en una hermosa casa de tres habitaciones en el sur de Dallas. John Aaron, nuestro primer hijo, tenía tres años de edad. Era un chiquillo rubio muy gracioso, y mi esposa y yo lo queríamos muchísimo. En realidad, estábamos llegando al punto al que llegan muchos padres jóvenes: casi idolatrábamos a nuestro hijo.

Pero comencé a tener un sueño horrible. Tres veces soñé que John Aaron había muerto. La primera vez pensé que era sólo una pesadilla. Cuando volví a soñar lo mismo por segunda vez, me llamó la atención, pero no le di importancia. Cuando soñé por tercera vez que mi hijo había muerto, supe que el Señor estaba tratando de decirme algo. Salí de la cama y fui caminando de puntillas hasta el cuarto de huéspedes, que servía también como mi estudio y lugar de oración. Cerré la puerta sin hacer ruido, y me dispuse a hablar con Dios.

Mientras me arrodillaba, allí en la oscuridad, el Espíritu de Dios me habló al corazón y me preguntó: «¿Me vas a entregar a tu hijo?»

Para entonces, yo sabía que debía tener mucho cuidado en cómo le contestaba al Señor. Recordaba la ocasión cuando estaba predicando en la India, y Dios me había preguntado si estaba dispuesto a vender todo lo que Melva y yo poseíamos, y dar el dinero de la venta para su obra. Le dije que sí, y él me hizo cumplir mi palabra. (Debo decirte que después que Melva y yo obedecimos, inesperadamente el Señor nos permitió comprar y pagar por completo la hipoteca de la casa donde vivíamos cuando ocurrió este incidente de los sueños. Pero yo sabía que no podía responderle a Dios a la ligera cuando él me preguntaba si estaba dispuesto a hacer una cosa.)

Cuando Dios nos pide que le entreguemos algo, no es porque él lo necesita, sino porque nosotros necesitamos entregárselo.

Me arrodillé allí aquella noche, en la oscuridad, llorando y luchando con aquella decisión que me desgarraba el alma. Pero unos pocos minutos después, cuando me fue hecha la pregunta por segunda vez, Dios me dio la gracia para responder: «Sí, Señor, te entrego a mi hijo».

Recuerdo que le dije: «Señor, te dediqué a John Aaron cuando nació, y no te lo voy a quitar ahora. El es tuyo».

En el mismo momento en que esas palabras salieron de mi boca, tuve una visión de mi pequeño hijo caminando hacia Jesús y refugiándose en sus brazos. El rostro de John Aaron y el del Señor resplandecían con tal gloria y gozo que todo el temor de perder a mi único hijo desapareció por completo.

Mientras observaba a los dos, dije: «Señor, después de lo que he visto esta noche, si John Aaron tuviera que irse contigo, nunca desearía que regresara».

La visión se desvaneció, y el Señor dijo estas palabras a mi espíritu: «Puesto que me lo has entregado, te lo voy a devolver para que me sirva junto a ti durante muchos años».

Me encontraba sentado allí, regocijándome por aquellas maravillosas palabras, cuando alguien tocó suavemente a la puerta. Aquel sonido me asustó, porque eran las cuatro de la madrugada, y nadie más debía estar levantado en la casa. Pero cuando abrí la puerta, allí estaba el pequeño John Aaron mirándome.

«Papi», me dijo frotándose los ojos, «tuve un sueño».

Lo abracé amorosamente, y le pregunté: «¿Qué fue lo que soñaste?»

Su respuesta me sacudió de pies a cabeza: «Soñé que yo estaba en los brazos de Jesús», dijo balbuceando, «y estábamos muy contentos, Papá. El rostro de Jesús brillaba, y estábamos muy contentos».

Llorando como si fuera un bebé, fui a despertar a Melva y le conté lo que había sucedido. Nos quedamos levantados el resto de la noche, orando y alabando a Dios.

Esa experiencia confirmó algo que ya sabía: Cuando Dios nos pide que le entreguemos algo, no es porque él lo necesita, sino porque nosotros necesitamos entregárselo. ¿Entiendes lo que digo? El Dios del universo no necesita mi dinero o mis «cosas», ni siquiera a mi hijo. Los diamantes y los billetes de un dólar no son valores en circulación en el cielo. Pero si he permitido que algo se interponga entre Dios y yo, si lo he retenido y me he negado a entregárselo, por mi propio bien necesito renunciar a ello y dárselo a Dios. No debo permitir que nada ni nadie se interponga entre mi alma y mi Salvador.

¿Cuáles son los sacrificios que los sacerdotes del Nuevo Testamento debemos ofrecerle a Dios? Cierra los ojos y ve si puedes enumerarlos junto a mí:

- nuestro ser;
- nuestra fe, y si fuera necesario nuestra propia vida;
- nuestras buenas obras y nuestro compañerismo;
- nuestros dones y ofrendas, y nuestra alabanza.

Toda nuestra vida debe ser un sacrificio vivo que le ofrecemos a Dios. Como dijo el gran predicador inglés Charles Spurgeon en forma tan elocuente: «El pecado es muerte. Esfuérzate por mantenerte lejos de él. Busca las cosas vivas. Ofrécele a Dios oraciones vivas y lágrimas vivas; ámale con un amor vivo; confía en él con una fe viva; sírvele con una obediencia viva». ¿Qué debemos ofrecerle? ¡Todo!

Un día, estaremos de pie ante Dios, y puede ser que a los

No debo permitir que nada ni nadie se interponga entre mi alma y mi Salvador.

creyentes que en esta vida descuidaron el gran altar del sacrificio, Dios les diga algo más o menos como lo siguiente:

> Se te ordenó que me ofrecieras sacrificios. Cada mañana, y día tras día; Jesús, tu gran Sumo Sacerdote, estuvo de pie junto al altar del sacrificio esperándote, pero no le trajiste ninguna ofrenda.
>
> No te presentaste a él como un sacrificio vivo. No le trajiste ninguna alabanza ni acción de gracias. Escogiste dudar en vez de ponerte en sus manos confiando en él. No requerí tu sangre; sólo te pedí tu testimonio. Sin embargo, cuando llegó el momento de dar tu testimonio, te alejaste, avergonzado de testificar de mí.
>
> No le ofreciste a Jesús ningún servicio ni obra buena alguna. Te negaste a poner aparte una porción de las cosas buenas que te confié para que otros pudieran beneficiarse y ser bendecidos. En lugar de eso, lo gastaste todo para tu propio beneficio, y luego arrojaste las sobras a los pies horadados de tu Sumo Sacerdote.
>
> ¿Por qué descuidaste mi altar? ¿Por qué dejaste a mi Hijo esperando de pie junto a él, cada mañana, sin tener nada agradable que ofrecerme? El te redimió con su propia sangre. ¿Por qué no tuviste nada digno para ofrecerle a él?

Realmente, ¿por qué? Le pido al Señor que ni tú ni yo jamás tengamos que responder a esa pregunta. Piensa ahora por unos momentos. ¿Estás reteniendo algo? ¿Tu tiempo? ¿Un talento? ¿Una persona? ¿Un placer? ¿Un recuerdo? Si es así, por tu propio bien, entrégaselo a Dios, sin importar cuánto te cueste. Como el rey David, debes decir: «No tomaré para Jehová lo que es tuyo, ni sacrificaré holocausto que nada me cueste» (1 Crónicas 21:24).

No tienes que temer. Dios no va a desperdiciar tu ofrenda. El la invertirá donde producirá los mayores beneficios para ti y para su reino. A medida que te encargues de las cosas que son más valiosas para él, él se encargará de las cosas que son más valiosas para ti. Después de todo, el Dios que de tal manera amó al mundo, que ha dado a su Hijo unigénito, comprende lo que es un sacrificio.

OCHO

ATIENDE EL CANDELERO DE ORO

Hombre, ¿qué es lo que está tomando?» exclamó el pastor con incredulidad. Había escuchado preguntas parecidas anteriormente. Riéndome entre dientes, por su expresión confundida, respondí: «¿Qué quiere decir usted con preguntarme qué es lo que estoy tomando?»

«Usted sabe lo que quiero decir» me contestó, dispuesto

a que yo no lo hiciera cambiar de tema. «He visto su horario de trabajo y sin embargo tiene mucha energía. Y siempre está donde se encuentra la acción. ¿Cómo lo hace? ¿Toma algunas medicinas o vitaminas, o *qué*?»

A veces, otros pastores abordan el mismo tema, pero desde una perspectiva diferente: «Larry»; me advierten, «es mejor que afloje el paso. ¿No tiene temor de quemarse?»

«Lo tendría, les aseguro, si fuera *mi* fuego».

Comprendo su preocupación. Recuerdo muy bien el agotamiento y la frustración con que luché en los años setenta, cuando estaba tratando de equilibrar un horario que haría sentirse nervioso a un malabarista. En ese entonces era pastor de un grupo dinámico de jóvenes, que con el tiempo llegó a tener mil miembros, en la Iglesia Bautista de Beverly Hills, en la ciudad de Dallas. Además estaba tratando de terminar mi maestría en un seminario casi a setenta kilómetros de distancia. Participaba en conciertos y cruzadas mensuales donde se salvaban entre trescientos y quinientos muchachos, y me esforzaba por ser un buen esposo para Melva, un buen padre para mis dos pequeños hijos y también para el tercero que venía en camino, así cómo suplir sus necesidades. No es de extrañarse que finalmente terminara en el hospital, agotado físicamente.

Gran parte de mi frustración y agotamiento fue resultado del hecho de que no sabía decir «no» a las personas. Por consiguiente, siempre estaba corriendo de un lado para otro. Pero eso no era algo nuevo. Al mirar atrás, me imagino que todos los que me conocían, incluyendo a mi esposa, pensaron que yo era un signo de admiración con piernas.

El primer año de nuestro matrimonio, Melva y yo vivíamos en una pequeña casa rodante que estaba colocada detrás de la iglesia. Sin darme cuenta de lo mucho que Melva y yo necesitábamos pasar tiempo a solas, invitaba a

Yo no había estado rechazando al Señor; simplemente había caído en el peligroso hábito de desatenderlo.

dos docenas de muchachos o más, para que vinieran a nuestra casa a comer algo y a disfrutar de unos momentos de compañerismo. Melva estaba tan ocupada aprendiendo a cocinar, manteniendo la casa en orden y atendiendo a mis invitados, y yo estaba tan ocupado ministrando en la iglesia y trabajando en mi maestría, que también estábamos ocupados desatendiéndonos el uno al otro. Después de unos pocos meses de actuar tan neciamente, me di cuenta de que no estábamos pasando suficiente tiempo juntos.

Una tarde, llegué a casa y entré caminando tranquilamente. Me encontraba en un estado de ánimo muy cariñoso. Pero Melva estaba corriendo de un lado para otro sacudiendo el polvo de los muebles, barriendo y cocinando, tratando de tener todo listo para cuando llegaran los visitantes que yo había invitado. Por algún motivo, ella no estaba interesada en que la abrazara y la besara en esa precisa ocasión. Bueno, mi ofendido ego masculino de veintiún años y yo decidimos que había llegado el momento de ser firme. Levanté la voz, y le ordené: «Melva Jo, deja todo lo que estás haciendo y ven aquí conmigo».

Melva se echó a llorar, y casi justamente en ese mismo momento, el Espíritu Santo levantó su voz, y me ordenó: «Hijo, ¡ven *tú* aquí *conmigo* !»

Entré a la pequeña habitación que utilizaba como estudio, cerré la puerta y me senté. El Señor me dijo: «La razón por la cual está tan ocupada y ha estado desatendiéndote es porque *tú* has estado muy ocupado y has estado desatendiéndome a *mí*».

Cuando el Señor y yo terminamos nuestra conversación,

entré en la cocina, tomé a mi esposa en mis brazos, y le dije sollozando: «Oh, Melva, lo siento tanto; lo siento tanto».

Yo no había estado *rechazando* al Señor; simplemente había caído en el peligroso hábito de *desatenderlo.* Todas mis prioridades estaban equivocadas. El tiempo para orar y estudiar la Biblia se encontraba en último lugar en mi lista de «Cosas para hacer hoy».

¿Puedes identificarte con lo que estoy diciendo? Me había estado consumiendo, trabajando noche y día, y ahora me encontraba en un serio problema. No tenía ninguna fuente de poder que me mantuviera en marcha.

En tiempos como éstos, en los que la productividad es comparada con la espiritualidad, no es fácil mantener las prioridades en el orden correcto. A veces, resulta difícil tomar el tiempo necesario para realizar la obra de un sacerdote y atender el candelero de oro en el santuario de nuestra alma. Pero si descuidamos ese privilegio, antes que nos demos cuenta, las lámparas estarán echando humo y parpadeando, y en peligro de apagarse. La oscuridad cubrirá nuestro espíritu.

¿Sabes?, la obra del sacerdote es mucho más simplemente que ofrecer sacrificios. Además de los cinco sacrificios del Antiguo Testamento que ya hemos estudiado, había otras tres ofrendas que los sacerdotes hacían regularmente en el lugar santo: (1) cada sábado renovaban sobre la mesa los doce panes de la proposición; (2) cada mañana llenaban de aceite el candelero de oro; (3) cada día por la mañana y por la tarde ponían incienso nuevo en el altar del incienso.

Como ya hemos estudiado, el santuario de los judíos estaba dividido en dos partes: el lugar santo y el lugar santísimo. En el lugar santo había tres muebles. En el centro, delante del velo que separaba el lugar santo del santísimo, estaba el pequeño altar del incienso cubierto de oro. Al lado derecho, se encontraba una pequeña mesa de

Las lámparas dan luz por medio de aceite, mientras que las velas (como muchos creyentes sinceros pero faltos de sabiduría) dan luz al consumirse a sí mismas.

oro sobre la cual estaban colocados los doce panes de la proposición. A la izquierda, exactamente en frente de la mesa de los panes de la proposición, estaba el candelero de oro puro que tenía siete brazos, y medía aproximadamente un metro y medio de alto, con sus siete lámparas de aceite que alumbraban el lugar santo.

Como en los tiempos antiguos la gente colocaba frecuentemente una lámpara de arcilla, alimentada con aceite, sobre un pedestal de tres patas, y le daban el nombre de candelero. Algunas traducciones de la Biblia se refieren a este utensilio de oro para sostener lámparas, como «candelero», pero el concepto de velas (o candelas) y candeleros no tiene ninguna relación con el significado bíblico, porque las lámparas dan luz por medio de aceite, mientras que las velas (como muchos creyentes sinceros pero faltos de sabiduría) dan luz al consumirse a sí mismas.

Las despabiladeras y los platillos del hermoso candelero estaban hechos de un talento (treinta y tres kilos) de oro puro (Exodo 25:38, 39). El candelero de siete brazos, primorosamente forjado, fue diseñado con adornos florales (ver Exodo 25:31-40; 37:17-24; 39:37). Los platillos de oro se utilizaban para llevar las brasas de fuego desde el gran altar del holocausto, y las despabiladeras se utilizaban para levantar las mechas y para sostener un carbón encendido mientras el sacerdote soplaba sobre él para encender la lámpara.

Las lámparas de los costados podían encenderse de nuevo utilizando alguna de las otras lámparas, pero la lámpara grande del centro, hacia la cual todas las otras se inclinaban, sólo podía volverse a encender con un carbón encendido tomado del altar del holocausto.

El aceite para el candelero de oro se preparaba con aceitunas que habían sido cuidadosamente lavadas antes de machacarlas. El machacar las aceitunas, en vez de exprimirlas en prensas, producía un aceite blanco de insuperable calidad.

Dios le dio a Moisés una orden muy clara acerca del candelero de oro. Las lámparas debían arder continuamente desde la tarde hasta la mañana:

> Habló Jehová a Moisés, diciendo: Manda a los hijos de Israel que te traigan para el alumbrado aceite puro de olivas machacadas, para hacer arder las lámparas continuamente. Fuera del velo del testimonio, en el tabernáculo de reunión, las dispondrá Aarón desde la tarde hasta la mañana delante de Jehová; es estatuto perpetuo por vuestras generaciones. Sobre el candelero limpio pondrá siempre en orden las lámparas delante de Jehová (Levítico 24:1-4).

Las lámparas se encendían a la hora del sacrificio del anochecer (Exodo 30:8), y luego se apagaban, despabilaban y llenaban de aceite a la hora del sacrificio de la mañana (Exodo 30:7; 1 Samuel 3:3). Según la tradición, las lámparas tenían capacidad para un poco más de una taza de aceite, por eso había que llenarlas todos los días para que tuvieran suficiente aceite.

Abastecer de aceite

En las Escrituras el aceite es un símbolo del Espíritu Santo. Comprendiendo que el Espíritu Santo, no el vino,

Si queremos ser llenos del Espíritu Santo «debemos ser llenados continuamente».

debe ser la fuente de fortaleza y gozo del creyente, Pablo ordenó:

> «No os embriaguéis con vino... antes bien sed llenos del Espíritu» (Efesios 5:18). En el texto original la idea es que los creyentes «debemos ser llenados continuamente» del Espíritu Santo, de la misma manera en que las lámparas en el lugar santo eran llenadas continuamente.

¿Qué quiso decir Pablo cuando dio esa orden? Creo que comprendo lo que él estaba dando a entender con estas palabras, porque mi padre bebió mucho durante años, antes de conocer al Señor. Sé lo suficiente sobre el vino y el licor como para saber que se necesita tomar más de un sorbito una o dos veces a la semana para permanecer embriagado. La realidad es que una persona se embriaga y permanece embriagada *bebiendo.*

El mismo principio tiene que ver contigo y conmigo en nuestra calidad de creyentes. Si queremos ser llenos del Espíritu Santo «debemos ser llenados continuamente». Estar sentado en un banco en la iglesia o cantar los domingos en el coro, no nos mantendrá llenos. Necesitamos un suministro de aceite nuevo cada día, no sólo el domingo.

Por eso debemos aprender a poner a Dios en primer lugar, cada día, recibiendo su limpieza y su nueva unción. Entonces, durante todo el día debemos «tomar pequeños sorbos» del vino del Espíritu Santo, cantando al Señor en nuestros corazones, hablando entre nosotros con salmos, himnos y cánticos espirituales, y orando en el Espíritu (Efesios 5:19; Judas 20).

Si queremos alumbrar con la luz de Dios a un mundo

sumido en las tinieblas, tenemos que volver a llenar las lámparas de oro en el santuario de nuestra alma con un suministro de aceite nuevo.

Y esto nos trae a otro punto. ¿Te diste cuenta de que el candelero en sí mismo no era la luz que alumbraba en la oscuridad? Solamente contenía el aceite que producía la luz. Tú y yo, ocupando las posiciones de servicio a las que nos ha llamado Dios, sólo somos los candeleros, los recipientes que contienen el aceite del Espíritu Santo. Sin Jesús y el Espíritu Santo, no podemos hacer nada, porque él es nuestra luz y nuestra salvación (Salmo 27:1). El es nuestra justificación y santificación, nuestra paz y sanidad, nuestra sabiduría y fortaleza.

Jesús enseñó que sus seguidores son la luz del mundo (Mateo 5:14). No debemos permitir que esa luz disminuya en intensidad, parpadee o se apague. Debemos dejar que nuestra luz alumbre de tal modo que los que estén a nuestro alrededor puedan ver nuestras buenas obras y glorificar a nuestro Padre que está en los cielos (Mateo 5:16).

Hace más de cien años, George Müller de Bristol, Inglaterra, descubrió este principio de volver a llenarse de aceite. Müller, quien es recordado por su vida de fe y la obra que realizó con miles de huérfanos en el siglo pasado, llegó a tal grado de consagración personal que decidió que no seguiría pasando las mejores horas de su vida durmiendo.

Aunque estaba recuperándose de una enfermedad, que se le había presentado nuevamente causándole gran debilidad física, Müller decidió levantarse todos los días a las cuatro de la mañana, en vez de dormir hasta las seis o las siete.

Su nueva costumbre de levantarse temprano le permitió orar y meditar en las Escrituras por largos períodos sin ninguna interrupción. Para su sorpresa, Müller se fortaleció físicamente, en vez de debilitarse más. Se sintió tan contento con el nuevo vigor físico y espiritual que había adquirido

Si queremos alumbrar con la luz de Dios a un mundo sumido en las tinieblas, tenemos que volver a llenar las lámparas de oro en el santuario de nuestra alma con un suministro de aceite nuevo.

al esperar en el Señor mientras los demás dormían, que continuó con esa costumbre hasta el final de su vida. Como resultado, leyó la Biblia de principio a fin cerca de doscientas veces, y por fe llevó a cabo un extraordinario ministerio con niños huérfanos.

No hace mucho tiempo un pastor que conozco se sintió agradablemente sorprendido al descubrir que tales experiencias milagrosas no están reservadas solamente para santos dignos de admiración como George Müller.

Decidido a ver un crecimiento espiritual y numérico en su iglesia, este pastor comenzó a apartar dos o tres horas diarias para interceder delante de Dios y tener comunión con él. Pero se desanimó cuando descubrió que su anciana madre, una mujer pequeña y débil, que nunca había disfrutado de buena salud, se levantaba a las cuatro y media de la mañana, al sentirse guiada por Dios a pasar dos horas al día orando por sus hijos, varios de los cuales estaban en el ministerio.

«Dios», dijo llorando una mañana al sentirse frustrado, «¿por qué le pediste a mi madre que se levante tan temprano? Tú sabes que nunca ha sido una mujer saludable y fuerte».

La pregunta del preocupado pastor fue contestada varias semanas después, cuando recibió una carta de su madre que decía: «Hijo, desde que estoy levantándome temprano cada mañana para orar por todos mis hijos, mi salud está mejorando, y me siento más fuerte de lo que me he sentido en muchos años».

A medida que tú y yo hacemos lo posible, levantándonos temprano para atender las lámparas y llenarlas otra vez con el aceite del Espíritu, Dios se encargará de lo imposible. El suplirá lo que falte para que podamos glorificarle. El Señor les hizo una promesa a los que dedican tiempo a la oración:

> Los que esperan a Jehová tendrán nuevas fuerzas; levantarán alas como las águilas; correrán, y no se cansarán; caminarán, y no se fatigarán (Isaías 40:31).

¿Estás luchando con la debilidad y el cansancio, la fatiga y el temor? Es hora de que te vuelvas a llenar del aceite del Espíritu.

Despabila las lámparas

Cada mañana, el ministerio del sacerdote con el candelero de oro no había terminado hasta que, con sumo cuidado, despabilaba las lámparas. Quitaba las porciones quemadas de las mechas y las colocaba en un platillo dorado. Cubría completamente el hollín y las fibras carbonizadas para que no fueran expuestas al aire o volaran, y luego se deshacía de esos residuos.

El hecho de que las mechas estuvieran despabiladas hacía que la luz brillara con más intensidad.

Si los creyentes no brillamos, hay algo interpuesto que impide que brillemos. Nosotros también debemos permitir que diariamente el Espíritu de Dios «despabile» todos los estorbos que empañan nuestro testimonio, y los pecados que nos amenazan con apagar el fuego de Dios. Debemos esperar en la presencia de Dios mientras él cambia nuestras mechas quemadas por otras nuevas. Como sabemos que él no apagará la fibra humeante, debemos confiar en sus manos mientras tiernamente va quitando las hebras y fibras

A medida que tú y yo hacemos lo posible, levantándonos temprano para atender las lámparas y llenarlas otra vez con el aceite del Espíritu, Dios se encargará de lo imposible.

quemadas, y sopla sobre nuestra vacilante llama hasta que se encienda con un brillo nuevo.

Una vez que los estorbos y pecados son removidos, se cubren con la sangre de Jesús, y no se recuerdan nunca más. Satanás tratará de descubrirlos, condenándonos y haciéndonos recordar nuestros fracasos pasados, pero debemos rehusar escuchar sus mentiras. Nuestros fracasos y pecados han sido removidos tiernamente, han sido cubiertos por el Dios que nos ha prometido:

> Yo, yo soy el que borro tus rebeliones
> por amor de mí mismo, y no me acordaré
> de tus pecados (Isaías 43:25).

Cada día, cuando tú y yo nos ponemos de pie después de orar, con las mechas despabiladas y las lámparas llenas con un nuevo suministro de aceite, no tenemos que preocuparnos pensando que nuestra luz pudiera apagarse. Todo lo que tenemos que hacer es ocupar nuestro lugar frente a un mundo entenebrecido por el pecado, dejando que Jesús brille a través de nuestra vida.

NUEVE

REABASTECE LOS PANES DE LA PROPOSICIÓN

Imagínate la siguiente escena: Es el día de reposo y el sacerdote se ha levantado antes del amanecer, se ha lavado en la jofaina y se ha puesto sus vestiduras blancas sacerdotales. Ha llegado el momento de renovar los doce panes de la proposición. El sacerdote entra en el lugar santo y a su mano derecha, iluminada por la suave luz del candelero de oro, se encuentra la mesa de los panes de la proposición.

La mesa de madera cubierta con oro medía noventa centímetros de largo, cuarenta y cinco centímetros de ancho, y sesenta y cinco centímetros de alto. Sobre ella, en dos pilas, estaban colocados los doce panes sin levadura de la proposición.

El número doce representaba las doce tribus de Israel. Esos panes le recordaban al sacerdote el maná con que Dios había alimentado milagrosamente a su nación, de por lo menos dos millones de personas, por más de cuarenta años mientras peregrinaban por el desierto. Allí Dios había tratado de enseñarle a un pueblo testarudo y rebelde que su supervivencia dependía tanto de la obediencia a sus mandatos como del maná, la carne y el agua provistos tan milagrosamente por su mano poderosa (Deuteronomio 8:3).

Los doce panes de la proposición habían permanecido en el lugar santo durante siete días como una ofrenda a Dios. Ahora, en el día de reposo, el sacerdote removía los panes de la proposición y los reemplazaba con doce panes recién horneados. Tan pronto como eran removidos se convertían en alimento para los sacerdotes.

Cada día de reposo, los sacerdotes se reunían y participaban de los panes de la proposición, prefigurando a los sacerdotes del Nuevo Testamento reunidos alrededor de la mesa del Señor para partir el pan, es decir, celebrar la santa cena. También podemos ver en esto un tipo del compañerismo edificante de que disfrutan los creyentes cuando se reúnen semanalmente para estudiar la Palabra de Dios y deleitarse en ella.

Jesús, el Mesías esperado por los judíos, enseñaba en la sinagoga en Capernaum, advirtió a sus seguidores que no trabajaran por la comida que perece, sino por la que permanece, que es la que él da.

Deléitate en el Pan de vida

Mientras Jesús, el Mesías esperado por los judíos, enseñaba en la sinagoga en Capernaum, advirtió a sus seguidores que no trabajaran por la comida que perece, sino por la que permanece, que es la que él da (Juan 6:27). Cuando los judíos murmuraron y protestaron contra la enseñanza de Cristo acerca de que él era el Pan de vida, Jesús declaró:

> Vuestros padres comieron el maná en el desierto, y murieron. Este es el pan que desciende del cielo, para que el que de él come, no muera. Yo soy el pan vivo que descendió del cielo; si alguno comiere de este pan, vivirá para siempre; y el pan que yo daré es mi carne, la cual yo daré por la vida del mundo... el que me come, él también vivirá por mí (Juan 6:49-51, 57).

¿Estamos alimentándonos o estamos muriéndonos de hambre? Si nuestra alma está hambrienta y sedienta de justicia, podemos llenarnos y satisfacernos. Si nuestro espíritu está intranquilo e insatisfecho, Dios nos invita a su mesa:

> A todos los sedientos: Venid a las aguas; y los que no tienen dinero, venid, com-

> prad y comed. Venid, comprad sin dinero y sin precio, vino y leche. ¿Por qué gastáis el dinero en lo que no es pan, y vuestro trabajo en lo que no sacia? Oídme atentamente, y comed del bien, y se deleitará vuestra alma con grosura. Inclinad vuestro oído, y venid a mí; oíd, y vivirá vuestra alma (Isaías 55:1-3).

¿Por qué extiende Dios una invitación tan generosa? Porque él nos hizo para que nuestra profunda hambre espiritual sólo sea satisfecha deleitándonos en la gloriosa presencia de Jesús dentro de nosotros, y alimentándonos en su Palabra viva.

El verdadero nombre bíblico de los panes de la proposición es «panes de la cara» (Exodo 25:30; 35:13; 39:36). ¿Sabes qué es lo que ese nombre me dice? Me dice que tú y yo podemos levantarnos cada mañana y tener comunión con Jesús cara a cara y corazón a corazón. Debemos obedecer las palabras del salmista:

> Buscad a Jehová y su poder; buscad siempre su rostro (Salmo 105:4).

Al saber que su amor es constante e infinito, y que sus misericordias son nuevas cada mañana, todos los días podemos orar: «El pan nuestro de cada día, dánoslo hoy». Y según nos alimentamos de su Palabra, según disfrutamos de su presencia santificadora, experimentamos personalmente lo que para los creyentes del Antiguo Testamento sólo era una hermosa bendición expresada por un sumo sacerdote terrenal:

> Jehová te bendiga, y te guarde; Jehová haga resplandecer *su rostro* sobre ti, y

El verdadero nombre bíblico de los panes de la proposición es «panes de la cara» ...Me dice que tú y yo podemos levantarnos cada mañana y tener comunión con Jesús cara a cara y corazón a corazón.

tenga de ti misericordia; Jehová alce sobre ti *su rostro,* y ponga en ti paz (Números 6:24-26, cursivas añadidas).

El poder transformador de la Palabra

Como dije en mi libro titulado *¿Ni tan sólo una hora?,* recibí a Jesús como mi Salvador en 1968, cuando tenía diecisiete años de edad. Mi familia era rica, y a mí no me faltaba nada. Sin embargo, me sentía vacío. Sabía que tenía necesidad de algo, pero no sabía qué era. Un domingo por la mañana fui a la iglesia y cuando el predicador hizo la invitación, pasé al frente. Pero, a pesar de ser un hombre veraz, no me habló de la sangre de Jesús ni del poder de Dios. Todo lo que recibí fue una palmada en la espalda y una tarjeta para llenar.

No mucho tiempo después, me encontraba en la sala siquiátrica de un hospital cercano, confundido y casi sin darme cuenta de lo que sucedía a mi alrededor. Después que el doctor me había recetado dieciséis tranquilizantes al día, me pasaba la mayor parte del tiempo acostado en la cama y con la mirada extraviada.

Llegó el día cuando mi padre, con el corazón destrozado, me dijo que él y el doctor habían reservado una habitación para mí en el hospital siquiátrico del estado. Papá trató de ser valiente y consolarme diciéndome que todo iba a resultar bien, pero le tembló la voz cuando me explicó que tendría que acostumbrarme a las altas paredes que rodeaban los edificios y los jardines.

Mi futuro era tan oscuro y falto de esperanza como una tumba. Sin embargo, el día antes que mi tratamiento por electrochoques comenzara, sin ninguna razón aparente, mi neblina mental pareció disiparse. Me acosté en el suelo y clamé a Dios pidiéndole su ayuda. Una y otra vez, una palabra brotó de mi corazón y resonó en mis oídos. Era el nombre de Jesús.

Yo ni siquiera sabía que había un versículo en la Biblia en el que se prometía: «Todo aquel que invocare el nombre del Señor, será salvo» (Hechos 2:21).

Dentro de la triste y solitaria habitación del hospital, oí la voz de Dios, y desde ese día hasta hoy me he deleitado en las palabras que él me dijo: «Ahora eres mi hijo. Tú serás mi ministro y mi boca». Entonces, como si él me hubiera estado ordenando que tomara mi cama y anduviera, me dijo: «Puedes levantarte e irte a tu casa».

El doctor no lo creía. Mi padre tampoco lo creía. Nadie lo creía. Pero cuatro días después mi sorprendido doctor me dio de alta.

Comencé a predicar de Cristo dondequiera que me permitieran testificar de él. No me llamé a mí mismo a predicar; simplemente no podía dejar de hacerlo. Tenía que decirle a la gente que Jesús era real. Yo sabía que lo era porque me había hablado. Había cambiado mi corazón, y le había dado significado y propósito a mi vida.

Continué viendo al doctor el resto del año porque había estado tomando tantos tranquilizantes que él tuvo que quitármelos poco a poco. Todavía andaba tambaleándome debido a la crisis nerviosa que había sufrido. Pero empecé a vivir en la Palabra de Dios, que se convirtió en mi meditación de día y de noche, y a medida que la Palabra de Dios empezó a vivir en mí, ocurrió otro milagro.

Dios envió su Palabra y me sanó...Un milagro ocurrió en mi mente, y principalmente atribuyo ese milagro a la lectura y la meditación en la Palabra de Dios.

Leer había sido una lucha frustrante para mí toda la vida. Tenía mucha dificultad para leer en voz alta. Nunca me habían examinado para determinar si tenía dislexia, pero los hijos de mi tío, que es médico, son disléxicos, por lo cual estoy convencido de que ese problema que tuve durante mi infancia y mi adolescencia fue causado por la dislexia.

Cuando tomaba un libro y miraba fijamente una página, las palabras no «saltaban» de la página a mi mente. Si me esforzaba lo suficiente, podía hacer sonar palabras y sílabas fonéticamente, pero no podía formar una frase por más que tratara, así que después de un tiempo, no me esforcé más. No estaba interesado en leer porque era algo que me hacía sentir muy frustrado.

Pero cuando Jesús me salvó, comencé a leer y a estudiar la Biblia, y a memorizar versículos. Casi inmediatamente me di cuenta de que se había producido una diferencia sorprendente: Mi mente había sido sanada y mi dificultad para leer había desaparecido. Que yo recuerde, la Biblia es el primer libro que pude leer completo en mi vida. Literalmente, Dios envió su Palabra y me sanó. Por consiguiente, pude inscribirme en la universidad y graduarme con honores.

Un milagro ocurrió en mi mente, y principalmente atribuyo ese milagro a la lectura y la meditación en la Palabra de Dios, porque saturé mi pensamiento con sus renovadoras y estimulantes palabras de vida.

Cuando quise ir al seminario, exigieron la aprobación de

mi doctor debido a mi historial médico. Como él no me había visto desde que había entrado a la universidad, se sorprendió al enterarse de mis logros académicos. No podía creer que el hombre joven que en aquella ocasión se había encontrado en tan malas condiciones ahora estaba tan bien y llenando una solicitud para inscribirse en cursos para alumnos graduados. Finalmente, admitió: «Nunca antes había visto lo que hubiera considerado un milagro auténtico, ¡pero *tú* eres un milagro!»

Después que hablamos un poco más, se inclinó hacia adelante en su silla y me preguntó: «¿No te gustaría entrar a la Facultad de medicina? Después de todo lo que has sufrido, realmente tienes un don para ayudar a las personas».

Le dije que agradecía lo que me había dicho, pero que había sido llamado a predicar.

Mientras le hablaba de Jesús, me dijo en confianza que era creyente, pero que cuando asistió a la universidad había sido herido por unos creyentes que se negaron a aceptarlo porque él deseaba ser siquiatra. Nuestra cita terminó con los dos llorando y regocijándonos.

Fui aceptado en el seminario para alumnos graduados y obtuve mi maestría en divinidad, graduándome con excelentes calificaciones. En realidad, el idioma griego fue una de mis asignaturas favoritas en la universidad y en el seminario. Tomé veinte horas de griego y recibí las calificaciones más altas del curso. Cuando me gradué podía leer ese idioma mejor de lo que había podido leer el mío propio a la edad de diecisiete años.

Lo que debemos hacer es alimentar nuestra mente todos los días con el pan de la Palabra de Dios. Los sacerdotes del pacto antiguo se fortalecían al participar del pan de la proposición. Los sacerdotes del Nuevo Testamento nos fortalecemos al deleitarnos en la Palabra de Dios, parti-

Acércate sin dilación a su mesa todos los días y nútrete de la Palabra de Dios.

cipando del Pan de vida, que nos fortalece, nos sana y nos sostiene física, mental y espiritualmente.

Quisiera compartir una última verdad acerca del pan de la proposición. Aunque a los descendiente de Aarón que tenían defectos y deformidades físicas no se les permitía ministrar en el lugar santo, no se les excluía de comer el pan de la proposición. Podían sentarse a la mesa con sus compañeros sacerdotes y comer hasta saciarse.

Le doy gracias a Dios por su provisión misericordiosa para las personas imperfectas como yo. El no expulsó de su mesa a un muchacho de diecisiete años quebrantado y con dificultad para hablar. Por el hecho de que Dios me permitió nutrirme de su Palabra, que imparte vida, y obtener fortaleza de su presencia sanadora, estoy hoy ministrando como su sacerdote.

Si eres imperfecto, si tienes defectos y eres débil en la fe, recuerda: La sanidad es el pan de los hijos. Acércate sin dilación a su mesa todos los días y nútrete de la Palabra de Dios. Recibe el alimento que necesitas, y no te olvides de esperar un milagro.

DIEZ

LA INTERCESIÓN ANTE EL PROPICIATORIO

Corría el año 1976. Era sábado en la noche y yo estaba muy agotado después de haber manejado desde Dallas hasta la pequeña ciudad en el oeste de Texas donde tenía que dirigir una semana de reuniones de avivamiento. Después de haberme comunicado con el pastor de la iglesia donde iba a predicar, llegué a un hotel, saqué todas mis cosas de las maletas y pasé algún tiempo estudiando la Palabra de Dios y orando. Después de eso, me encontraba listo para acostarme y dormir toda la noche de corrido.

Mucho después de la medianoche me desperté sobresaltado. Había tenido un sueño horrible, y fue tan vívido y real que no podía dejar de pensar en él. Me sentía atormentado por una visión del rostro de mi esposa, lleno de terror y demudado por el dolor, mientras era violada brutalmente y arrastrada luego a través de cristales rotos. Si sólo se trataba de sueño, ¿por qué me había parecido tan real?

Sintiendo una enorme responsabilidad de interceder por ella, me levanté, caí sobre mi rostro y oré en el Espíritu con todas mis fuerzas. Cerca del amanecer, la voz de Dios me habló al oído diciéndome: «Mi esposa aquí ha sido violada. Levántate y vete de este lugar; no prediques aquí».

Desconcertado, pero decidido a obedecer a Dios, llamé al pastor que me había invitado y le expliqué lo que había sucedido. Le dije que no predicaría esa mañana en su iglesia. Luego me vestí y comencé a hacer mis maletas.

Había transcurrido menos de una hora cuando el pastor estaba tocando a la puerta de mi habitación en el hotel. «¡Usted va a predicar!», me dijo enojado. «¡Lo he anunciado por toda la ciudad, y usted *va* a predicar!»

Pero no me eché atrás. Le expliqué otra vez lo que había visto y le repetí lo que Dios me había dicho. A pesar de las palabras del pastor, me negué a desobedecer a Dios, así que inmediatamente me fui de ese lugar.

Dos semanas más tarde, cuando el pastor asociado de esa iglesia me llamó, la pregunta que me tenía confundido y que me había estado dando vueltas en la mente, fue contestada. «Larry», me dijo en confianza, «lo que Dios le mostró acerca de la iglesia aquí era totalmente correcto. El

Cerca del amanecer, la voz de Dios me habló al oído diciéndome: «Mi esposa aquí ha sido violada. Levántate y vete de este lugar; no prediques aquí».

pastor ha estado teniendo relaciones con mujeres y robando dinero de la iglesia».

Mi corazón se llenó de compasión hacia aquella congregación de personas quebrantadas, de cuya confianza habían abusado, y hacia su pastor, quien había permitido que su corazón fuera gobernado por la lujuria y la codicia. Al recordar la severa orden que Dios me había dado de que me fuera y no predicara en aquel lugar, en lo profundo de mi corazón supe que el contrito Espíritu de Dios se había ido de aquel lugar y se había llevado la nube de la gloria de Dios con él.

El Espíritu contrito

En los días del antiguo pacto, cuando la gente pecaba contra *Dios el Padre,* él los *mataba.* En los evangelios, cuando la gente pecaba en la presencia de *Jesús,* él los *reprendía.* Pero a través de la Palabra de Dios vemos, que cuando la gente pecaba en forma descarada, voluntaria y habitual contra el *Espíritu Santo,* él *se apartaba* de ellos.

Durante el tiempo de Cristo, en el segundo templo de los judíos en Jerusalén (el templo restaurado por Herodes), todos los verdaderos elementos de su antigua gloria habían dejado de existir. Los sacerdotes ya no eran admitidos en el ministerio de acuerdo con su descendencia levítica y con su unción sagrada; en vez de eso, eran nombrados formalmente. Incluso se podía obtener el puesto de sumo sacerdote por medio de conspiración política, crimen o soborno.

El sacerdocio se había corrompido. Hasta los rabíes admitían que ya no existía el espíritu de profecía.

Lamentablemente, Israel había decaído espiritualmente aún más. Los sacerdotes ya no podían ser ungidos con el aceite santo porque habían olvidado su composición. Y el fuego sagrado que había descendido del cielo sobre el altar del holocausto, que debía arder continuamente, se había apagado desde hacía mucho tiempo.

Lo más triste de todo era que el lugar santísimo estaba vacío. El arca del pacto, cubierta de oro, y su propiciatorio de oro puro, habían desaparecido desde los tiempos de la cautividad babilónica. Tampoco se encontraban allí los objetos que estaban en el arca: las dos tablas de la ley, la urna que contenía el maná preservado desde la peregrinación a través del desierto, y la vara de Aarón que reverdeció como símbolo de su sacerdocio investido de la autoridad divina. Pero la mayor de todas las tragedias era la ausencia de la *schechinah*, la nube de la gloria de Dios que antes había morado en el lugar santísimo.

Durante los cuarenta años del pueblo de Israel en el desierto, la brillante nube había flotado sobre el arca del pacto cada vez que las tribus habían acampado. Cuando estaban de camino, se convertía en una columna de nube que los guiaba durante el día, y en una columna de fuego que los guiaba y protegía por la noche. Ahora el lugar santísimo permanecía oscuro y vacío, excepto por una piedra grande que ocupaba el lugar donde antes había estado el arca con el propiciatorio. Sobre esa piedra, el sumo sacerdote rociaba la sangre en el día de la expiación.

El propiciatorio, cuyo nombre en hebreo significa «cubierta ensangrentada», ya no cubría los pecados de Israel. Durante siglos esa tapa de oro puro, salpicada de sangre, había ocultado el registro de las iniquidades y transgresiones de Israel. Pero ahora ningún sumo sacerdote limpio y ungido se paraba delante del propiciatorio y clamaba con

Pero la mayor de todas las tragedias era la ausencia de la schechinah, *la nube de la gloria de Dios que antes había morado en el lugar santísimo.*

un corazón compasivo implorando el perdón de Dios. En vez de eso, era la ley que Israel había roto la que clamaba, testificando en su contra y apelando a Dios por juicio.

Fue durante esa horrible condición de decadencia espiritual que llegó Jesús. Hageo había profetizado que el Señor llenaría el templo con su gloria (Hageo 2:7), pero cuando vino Jesús predicando el reino de Dios, sanando enfermos, perdonando pecados y echando fuera demonios, los principales sacerdotes y escribas no vieron los métodos y las obras del mismo Dios que ellos pretendían servir.

Acostumbrados a la decadencia espiritual, los líderes espirituales de Israel preferían sus tradiciones hechas por los hombres, en vez de la verdad. Citando al profeta Isaías, Jesús los reprendió porque le daban más importancia a la letra de la ley que al poder de Dios:

> Respondiendo él, les dijo: Hipócritas, bien profetizó de vosotros Isaías, como está escrito: Este pueblo de labios me honra, mas su corazón está lejos de mí. Pues en vano me honran, enseñando como doctrinas mandamientos de hombres. Porque dejando el mandamiento de Dios, os aferráis a la tradición de los hombres: los lavamientos de los jarros y de los vasos de beber; y hacéis otras muchas cosas semejantes. Les decía también: Bien invalidáis el mandamiento de Dios para guardar vuestra tradición (Marcos 7:6-9).

Pero no todos fueron ciegos a la majestad de Cristo. Juan, quien había sido pescador y era un discípulo fiel del Señor, declaró:

> Y aquel Verbo fue hecho carne, y habitó entre nosotros (y vimos su gloria, gloria como del unigénito del Padre), lleno de gracia y de verdad (Juan 1:14).

Por ejemplo, al final del primer día de la fiesta judía de los tabernáculos, los sacerdotes y el pueblo observaban una ceremonia que incluía la iluminación del templo. En el atrio de las mujeres ponían espléndidos candeleros de oro, provistos de mechas hechas de las vestiduras de lino viejas de los sacerdotes. Entonces llenaban las lámparas de aceite y las encendían.

A medida que los hombres, cantando himnos y cánticos de alabanza, bailaban con antorchas encendidas en sus manos, el suntuoso templo resplandecía en la oscuridad. Aquella luz hecha por el hombre, brillando desde el templo y penetrando la noche, servía como un recordatorio nostálgico de la *schechinah*, la nube de la gloria de Dios, que en otro tiempo había llenado el templo.

No es coincidencia que sólo unos días después Jesús, en el atrio del templo, hiciera el siguiente anuncio a la muchedumbre que se amontonaba alrededor de él: «*Yo* soy la luz del mundo; el que me sigue, no andará en tinieblas, sino que tendrá la luz de la vida» (Juan 8:12, cursivas añadidas). La luz de la gloria de Dios había regresado al templo, cumpliéndose la profecía de Hageo.

En el último día de la fiesta de los tabernáculos Jesús estaba en el atrio del templo observando al sacerdote mientras que, de acuerdo con la costumbre, este regresaba del estanque de Siloé. Traía un cántaro lleno de agua, la cual derramó sobre la base del altar.

Habían despreciado la sangre del Cordero Pascual de Dios que libra y protege al pecador.

Los rabíes interpretaban esta ceremonia como simbólica de la lluvia anual supuestamente señalada por Dios durante la fiesta de los tabernáculos, pero Jesús sabía que anunciaba el gozoso derramamiento del Espíritu Santo profetizado en Isaías 12:3. Jesús, negándose a venerar sus rituales muertos, dio un paso hacia adelante y clamó en alta voz:

> En el último y gran día de la fiesta, Jesús se puso en pie y alzó la voz, diciendo: Si alguno tiene sed, venga a mí y beba. El que cree en mí, como dice la Escritura, de su interior correrán ríos de agua viva (Juan 7:37, 38).

Juan, el discípulo que relató estos acontecimientos, explicó después que Jesús estaba hablando del Espíritu, al cual recibirían los creyentes después que Jesús fuera glorificado (v. 39).

¿Qué se debe hacer cuando la gloria de Dios se va?

Jesús lloró amargamente cuando profetizó el destino de Jerusalén y su suntuoso templo. Al rechazarlo a él, Israel había rechazado la sangre que expiaba el pecado y quitaba la culpabilidad. Ellos se habían negado a aceptar la sangre que ratificaría el nuevo pacto. Habían despreciado la sangre del Cordero Pascual de Dios que libra y protege al pecador. Al haber rechazado la misericordiosa provisión de Dios, Jerusalén y el sistema religioso judío habían dado el paso decisivo hacia su juicio y destrucción. Estaba por terminar el tiempo de la visitación de Israel (Lucas 19:42-44; 21:24).

En todas partes, miles de creyentes, ministros y congregaciones están despertando a la realidad de que la gloria de Dios se ha ido de muchas de nuestras iglesias. ¿Cómo podemos evitar el juicio y la destrucción? ¿Cómo podemos hacer que regrese la gloria de Dios?

En las conocidas palabras de 2 Crónicas 7:14 encontramos cuatro pasos infalibles para evitar el juicio de Dios:

> Si se humillare mi pueblo, sobre el cual mi nombre es invocado, y oraren, y buscaren mi rostro, y se convirtieren de sus malos caminos; entonces yo oiré desde los cielos, y perdonaré sus pecados, y sanaré su tierra.

Tenemos que humillarnos

No es fácil humillarse y confesar que la gloria de Dios se ha ido de nuestra vida, pero ese es el primer paso para la restauración. Debemos enfrentarnos a nuestro pecado. ¿Cómo? Es muy simple. ¡Admitiéndolo y abandonándolo! Pídele a Dios que te perdone, te libre y te restaure.

¿Qué debes hacer acerca de los pecados de otros? Perdónalos. Renuncia a tu derecho de hacerles daño porque te hicieron daño a ti. Si quieres ver regresar la gloria de Dios, perdona sin reservas los pecados y los errores de los demás, y deja de criticar y de guardar rencor.

Tenemos que orar

Si has perdido de vista la gloria de Dios es porque has perdido de vista la oración. Lucas dijo en el capítulo 19 del libro de Los Hechos que todo el mundo en el Asia Menor

En todas partes, miles de creyentes, ministros y congregaciones están despertando a la realidad de que la gloria de Dios se ha ido de muchas de nuestras iglesias.

había escuchado acerca de Jesús por medio de la iglesia en Efeso. Pero cuarenta años después Juan informó que esa misma iglesia había dejado su primer amor (Apocalipsis 2). La oración se había convertido en nada más que un ritual, en vez de ser el resultado de un deseo profundo del corazón. Ya no amaban a Jesús con fervor.

Si tu amor es tibio, si la oración es una obligación o una labor monótona en vez de un deleite, hay un remedio. Pídele al Espíritu Santo que ponga dentro de ti el deseo y la disciplina de orar. Dedica un tiempo específico cada día para ministrar como un sacerdote que ora, en el santuario de su alma, delante de Dios.

Tenemos que buscar el rostro de Dios

¿Te has dado cuenta de que en 2 de Crónicas 7:14 no se nos dice que busquemos la *mano* de Dios? Se nos ordena que busquemos su *rostro*. No debemos buscar sólo la mano de Dios, es decir, lo que él puede hacer por nosotros, lo que puede darnos. Tenemos que abandonar la mentalidad del «yo». Si queremos ver el poder de la mano de Dios, debemos buscar la aprobación de su rostro, su sonrisa, su mirada de corrección y aliento, su total atención. La gloria de Dios nos abandona cuando constantemente buscamos lo que él puede *hacer* por nosotros, en vez de adorarle por lo que él *es* para nosotros.

Tenemos que convertirnos de nuestros malos caminos

Sin tener en cuenta lo que nos cueste o el sacrificio que tengamos que hacer, debemos apartarnos de las cosas que le desagradan al Espíritu Santo. No debemos permitir que las preocupaciones y los afanes de este mundo nos distraigan.

Puedes escuchar miles de sermones cada día sin que se produzca un cambio en ti. Pero si te humillas, y escoges pasar una hora diariamente en la presencia de Dios, ministrando para él como un sacerdote que ora e intercediendo por otros y por ti mismo, sucederá algo sobrenatural. Su gloria regresará y transformará tu vida y la de tu familia.

La intercesión ante el propiciatorio

Dios me ha llamado a reunir trescientos mil intercesores que estén dispuestos a presentarse delante de él diariamente, lamentándose y arrepintiéndose por los pecados de nuestra nación, apropiándose de las promesas de su pacto y clamando a él por misericordia.

Jeremías, el profeta llorón, declaró:

> Por la *misericordia* de Jehová no hemos sido consumidos, porque nunca decayeron sus misericordias. Nuevas son cada mañana; grande es tu fidelidad (Lamentaciones 3:22, 23, cursivas añadidas).

A Dios nunca se le acaba la misericordia. Sus misericordias son tan buenas hoy como lo fueron ayer.

Pienso en mis días de ayer, cuando crecía en el hogar de un alcohólico. Recuerdo los días de ayer que pasé en un pabellón psiquiátrico. Recuerdo cuán abrumado me sentía

Si hay misericordia para uno como yo, todos pueden recibir la misericordia de Dios. No es demasiado tarde para ti o para tu familia. No es demasiado tarde para tu iglesia.

cuando parecía que mi ministerio había terminado después de haber dejado la Iglesia Bautista de Beverly Hills. Pero cuando respondí al llamado de Dios para convertirme en un sacerdote que ora, la misericordia del Señor cambió mi vida. Dios me guió a Rockwall, Texas, para comenzar una iglesia poderosa y para llevar su mensaje de oración a nuestra nación.

¿Sabes lo que me dice eso? Me dice que si hay misericordia para *uno* como yo, *todos* pueden recibir la misericordia de Dios. No es demasiado tarde para ti o para tu familia. No es demasiado tarde para tu iglesia, y no es demasiado tarde para nuestra nación. De manera diferente de como sucedió con Jerusalén cuando fue destruida, nuestra oportunidad de salvación no ha terminado. No nos queda mucho tiempo, pero es suficiente para responder al llamado de Dios y convertirnos en sacerdotes que oran.

Un ser humano lleno de poder y de la presencia del Espíritu Santo es uno de los dones escogidos de Dios para su Iglesia. Un ejército de trescientos mil sacerdotes que oren, llenos de poder y de la presencia del Espíritu Santo, podría ser el más misericordioso don de Dios a una nación que se ha corrompido y se ha olvidado de él.

El Espíritu Santo está escudriñando y probando a los creyentes. El está llamando a su ejército a la acción en este momento. Si asumes tus responsabilidades y tè apropias de tus privilegios sagrados, podrás tener parte en ayudar a evitar los juicios de Dios, recuperar su unción y traer de vuelta su gloria. Tú puedes ocupar un lugar en el frente de batalla del ejército cuya oración no deja que prevalezcan las puertas del infierno.

Tú eres un sacerdote. Ya es hora de que comiences a ejercer tu sacerdocio.

1. W. J. Hollenweger; The Pentecostals: The Charismatic Movement in the Churches (Minneapolis: Augsburg Publishing House, 1972), p. 112.

2. Alexander Roberts y James Donaldson, editores, The Ante-Nicene Fathers, vol. 1, Against Heresies (Grand Rapids: Eerdmans, 1973), p. 409.